가상에 쏙,
현실이 짠!

메타버스

사진출처

셔터스톡_ 17p 아바타 / 19p 동영상 시청, 온라인 게임, 온라인 쇼핑, 온라인 메시지 / 20p VR 수업 / 21p VR 게임, VR 운전, VR 의료 교육, VR 조종 훈련 / 23p AR 카메라 / 25p 아바타 통화 / 29p 아바타 화상 회의 / 29·106p 메타버스 회의 / 37p 비트코인, 블록체인 / 38·108p NFT 제작 / 38p NFT 등록 / 39p NFT 가치 / 42p 엑시 인피니티(JOCA_PH) / 43p 암호 화폐 거래 / 45p 디센트럴랜드 코인 / 56p 디지털 교과서, 전자 칠판 / 57p 온라인 수업 / 59p 수학 공부 / 77p 챗GPT, AI / 86p 로블록스(Diego Thomazini) / 98p MR 적용 예상 모습 1, MR 적용 예상 모습 2 / 99p XR 적용 예상 모습 / 101p 홀로그램 수업, 홀로그램 자동차

인천광역시_ 61p 인천크래프트 1945, 인천크래프트 in 마인크래프트(Mojang)

웅진 스마트올_ 65p 가상 교실, 가상 도서관

연합뉴스_ 69p 인공지능 로봇 토키 / 76p 알파고와 이세돌의 바둑 대결

NAVER Z_ 82p 제페토

부산시립미술관_ 87p 메타버스 갤러리(NAVER Z)

서울시설공단_ 104p 어린이대공원 메타파크 팔각당(NAVER Z), 어린이대공원 메타파크(NAVER Z)

동의대학교_ 105p 가상 졸업식, 아바타 기념사진

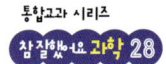

가상에 쏙, 현실이 짠! 메타버스

ⓒ 이경윤, 2023

1판 1쇄 발행 2023년 5월 30일

글 이경윤 | **그림** 이창우 | **감수** 서울과학교사모임
펴낸이 권준구 | **펴낸곳** (주)지학사
본부장 황홍규 | **편집장** 김지영 | **편집** 박보영 이지연 | **교정교열** 김새롬
디자인 이혜리 | **마케팅** 송성만 손정빈 윤술옥 박주현 | **제작** 김현정 이진형 강석준 오지형
등록 2010년 1월 29일(제313-2010-24호) | **주소** 서울시 마포구 신촌로6길 5
전화 02.330.5263 | **팩스** 02.3141.4488 | **이메일** arbolbooks@jihak.co.kr
ISBN 979-11-6204-141-3 74400
ISBN 979-11-85786-82-7 74400(세트)

잘못된 책은 구입하신 곳에서 바꿔 드립니다.

제조국 대한민국 **사용연령** 8세 이상
KC마크는 이 제품이 공통안전기준에 적합하였음을 의미합니다.

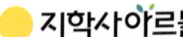 아르볼은 '나무'를 뜻하는 스페인어, 어린이들의 마음에 담긴 씨앗을 알찬 열매로 맺게 하는 나무가 되겠습니다.

홈페이지 www.jihak.co.kr/arb/book | **포스트** post.naver.com/arbolbooks

펴냄 글

✉ 과학은 왜 어려울까?

- 생명과학, 지구과학, 물리학, 화학 등 공부해야 할 범위가 넓다.
- 책이나 교과서를 볼 땐 이해할 것 같다가도 돌아서면 헷갈린다.
- 과학 현상이나 원리가 어려워서 이해가 안 된다.
- 과학 공부를 할 때 어려운 단어가 많이 나온다.

✉ 과학 공부, 쉽게 하려면 통합교과 시리즈를 펼치자!

통합교과란?

- 서로 다른 교과를 주제나 활동 중심으로 엮은 새로운 개념의 교과
- 하나의 주제를 **개념·경제·교육·기술·미래학** 등 다양한 영역에서 접근해 정보 전달 효과를 높임
- 문·이과 통합 교육 과정에 안성맞춤

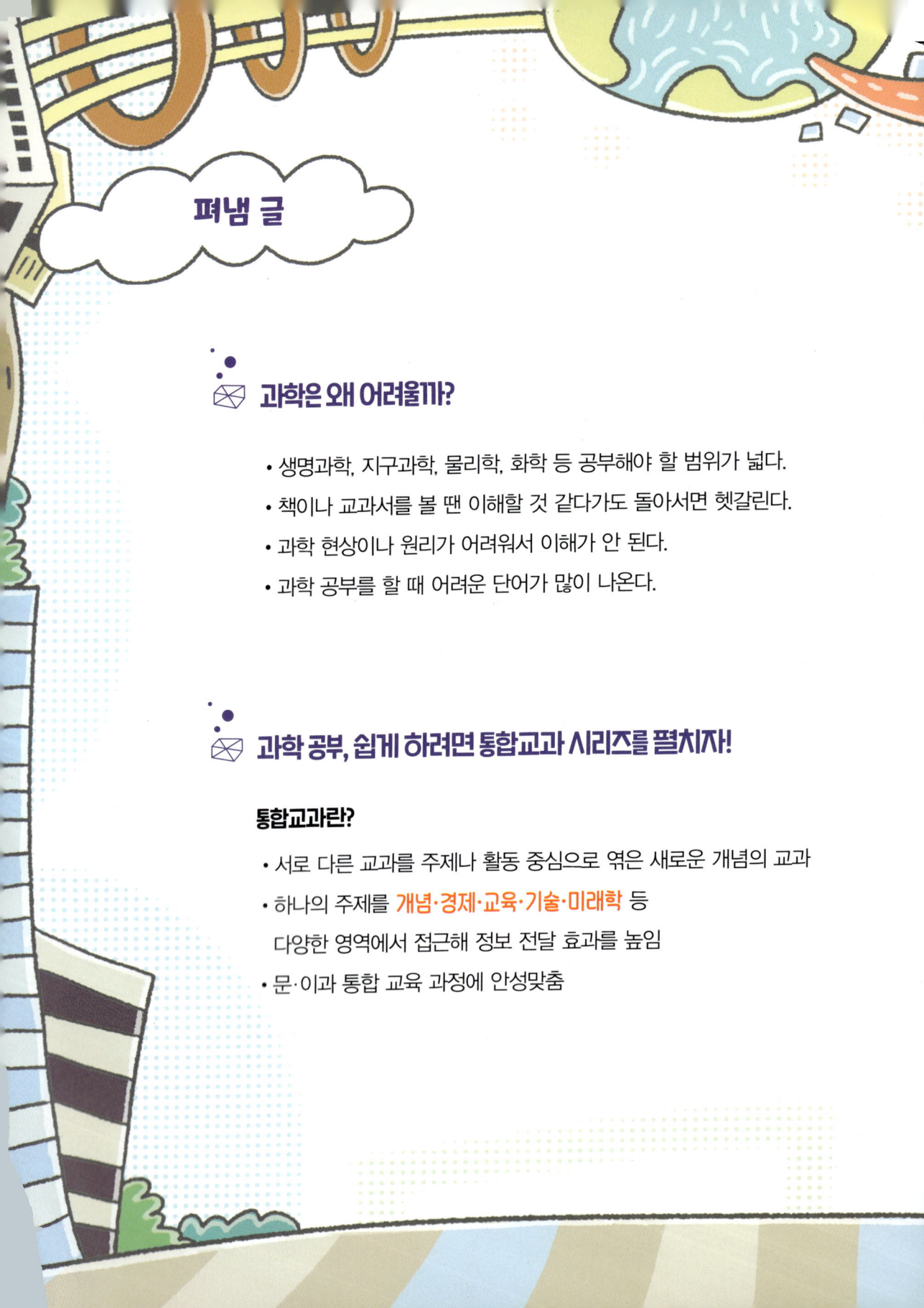

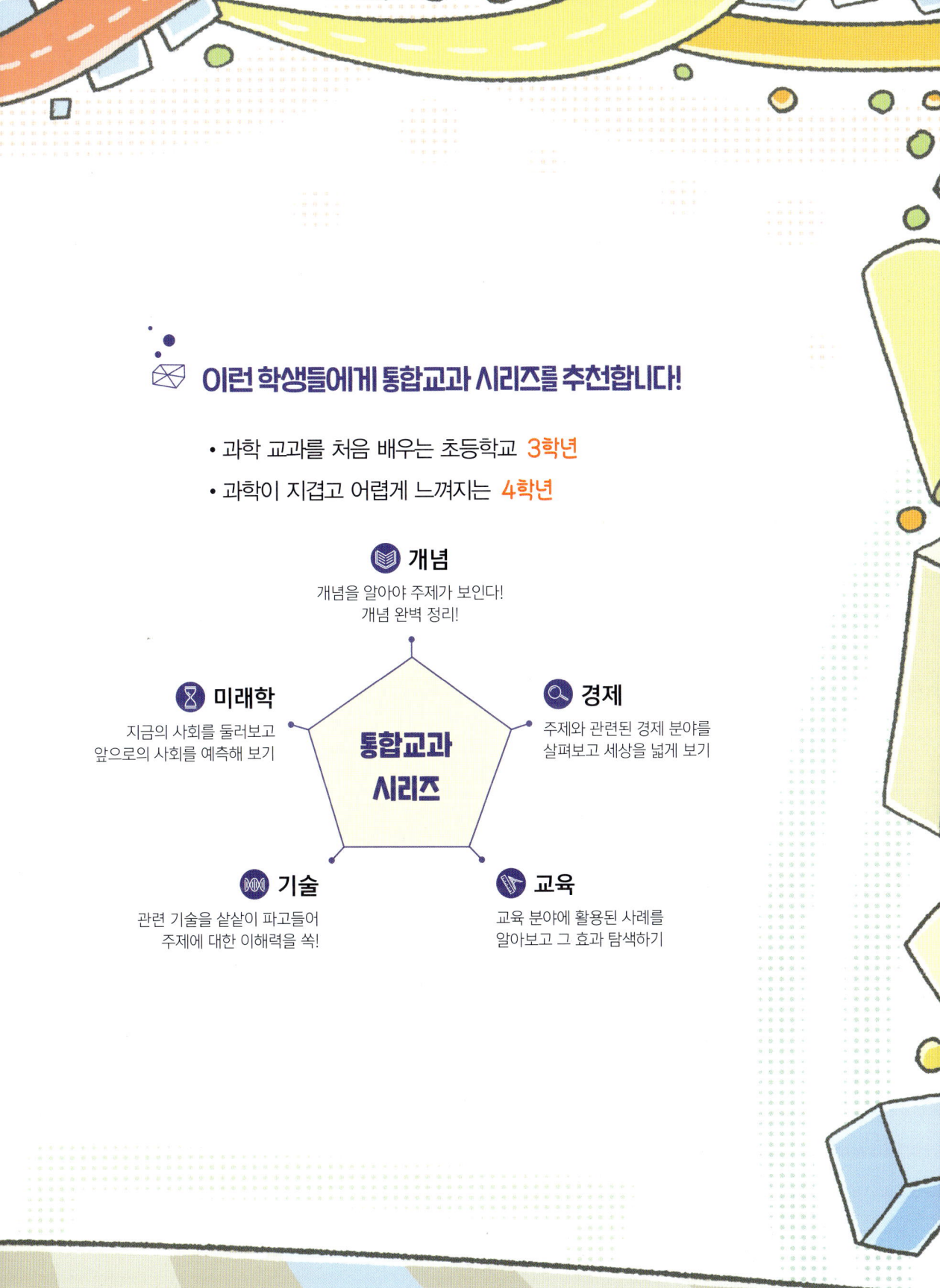

차례

1화
우리는 만나고 싶어 　개념 메타버스의 현재와 가능성　10

- 16　메타버스는 버스가 아니야!
- 18　현실이 가상으로 들어가면
- 20　가상이 현실로 튀어나오면
- 22　가상이 현실에 덧입혀지면
- 24　메타버스, 어디까지 왔니?
- 28　**한 걸음 더:** 메타버스 속 아바타

2화
새로운 돈을 벌었어　경제 메타버스가 만드는 가상 경제　30

- 36　암호 화폐가 뭐야?
- 38　이제는 NFT로 사고판다
- 40　메타버스와 함께 주목받는 NFT
- 42　놀면서 돈을 번다고?
- 44　메타버스에서 부동산도 사 볼까?
- 48　**한 걸음 더:** 어린이가 NFT로 돈을 번 비결은?

3화
같이 학교에 가자　교육 메타버스를 활용한 교육　50

- 56　교육에 부는 새바람
- 58　인공지능 교사의 등장
- 60　배움에 재미를 더한 메타버스 게임
- 62　감각을 깨워 줄 메타버스 교육
- 64　아바타가 대신 학교에 간다고?
- 68　**한 걸음 더:** 우리 선생님은 로봇?

기술이 필요해　기술　메타버스를 이루는 기술　70

- 76　메타버스에 꼭 필요한 인공지능
- 78　기술에 기술을 더하는 메타버스
- 82　메타버스 놀이터, 플랫폼
- 86　한 걸음 더: 메타버스 플랫폼에 놀러 와!

우리가 만날 새로운 세상　미래학　메타버스의 미래　88

- 94　메타버스가 바꿀 경제생활
- 96　개인의 새로운 무대, 메타버스
- 98　더 놀라운 세계로
- 100　진짜 같은 홀로그램
- 104　한 걸음 더: 앞으로도 메타버스는 뜬다!

- 106　워크북
- 116　정답 및 해설
- 118　찾아보기

등장인물

가상이
가상 세계에 살고 있는 남자아이예요.
가상 세계를 넘어 현실 세계에 가 보는 것이 꿈이지요.
그러던 어느 날, 가상 세계와 현실 세계를 잇는
하이퍼 캡슐이 있다는 사실을 알게 되는데….
과연 가상이는 꿈을 이룰 수 있을까요?

현실이
게임에 푹 빠져 가상 세계에서 살고 싶어 하는
여자아이예요. 아빠와 티격태격하던 때에
가상이를 만나지요. 가상이와 함께 가상 세계를
구경하며 새로운 경험을 하게 돼요.

하이퍼 캡슐

가상이와 현실이의 만남을 이루어 주는
인공지능을 탑재한 기계예요.
하이퍼 캡슐을 이용하면 가상 세계와
현실 세계를 자유롭게 오갈 수 있어요.

아빠

현실이의 아빠는 인공지능 연구소 소장이에요.
현실이 때문에 속상하던 차에 가상이를 만나면서
메타버스를 이룰 계획을 세워요.
아빠가 꿈꾸는 메타버스 모습은 어떨까요?
그 모습이 궁금하지요?

1화
우리는 만나고 싶어

개념 메타버스의 현재와 가능성

- 메타버스는 버스가 아니야!
- 현실이 가상으로 들어가면
- 가상이 현실로 튀어나오면
- 가상이 현실에 덧입혀지면
- 메타버스, 어디까지 왔니?

한눈에 쏙 메타버스의 현재와 가능성
한 걸음 더 메타버스 속 아바타

메타버스는 버스가 아니야!

요즘 큰 이슈로 떠오르고 있는 것이 메타버스예요. 이름만 듣고 타는 버스를 먼저 떠올리기 쉽지만, 사실 메타버스는 버스가 아니에요. 가상 세계와 결합된 현실 세계를 뜻하지요. 어떻게 가상 세계와 현실 세계가 결합할 수 있을까요?

가상과 현실이 가까워지는 세계

메타버스(metaverse)의 '메타(meta)'는 현실을 넘어섰다는 뜻을 가지고 있어요. '버스(verse)'는 우주, 세계를 뜻하는 유니버스(universe)에서 따왔지요. 즉 메타버스는 현실을 넘어선 세계를 뜻해요.

메타버스는 현실과 같은 활동이 이루어지는 가상 세계로 볼 수 있는데, 이것은 현재 우리가 경험하는 가상 세계보다 수준이 한층 높아요. 현재의 가상 세계는 현실과 구분되어 있지만, 메타버스는 구분이 흐려져 현실과 더 가깝게 연결돼요. 예를 들어 볼까요? 우리는 인터넷이라는 가상 세계에서 온라인 수업을 들어요. 그래도 교실에서 수업을 직접 듣는 것과는 차이가 날 수밖에 없어요. 그러나 메타버스 시대가 오면 실제로 교실에서 수업을 듣는 것처럼 느껴질 정도가 돼요.

어떻게 지금보다 가까워질까?

우리는 지금도 가상 세계를 경험하고 있어요. 이때 가상 세계는 컴퓨터와 인터넷 등으로 현실과 비슷하게 만들어 낸 환경을 가리키지요.

한 예로, 가상 세계에서 나를 대신하는 캐릭터인 아바타는 진짜 내가 아니에요. 겉모양은 비슷하게 꾸밀 수 있어도, 내가 느끼는 생각과 감정까지 그대로 나타내기는 힘들지요. 하지만 메타버스 시대에는 아바타와 내가 더 가까워질 수 있어요. 지금보다 기술이 발달하면 아바타에 인공지능을 활용해 사용자의 표정과 몸짓까지 따라 하는 일이 가능해져요.

한편 이미 가상 세계 속 대상이 현실에서 쓰이는 경우도 있어요. 바로 가상 화폐예요. 원래 가상 세계에서만 쓰였으나, 기술의 발달로 현실에서도 사용할 수 있게 됐지요.

나와 나를 잇는 아바타

본래 아바타는 종교적 용어로, 화신을 뜻해요. 신이 지상에 사람이나 동물의 모습으로 내려온 것이 화신이에요. 그러다 컴퓨터와 인터넷 기술이 등장하며 또 다른 뜻을 가지게 됐어요. 게임이나 온라인상에서 나를 표현하는 캐릭터 역시 아바타라고 부르지요. 현실 세계와 가상 세계를 잇는 동시에 자신을 대신하는 이 캐릭터에 어쩌면 더없이 어울리는 이름이 아닐까요?

현실이 가상으로 들어가면

컴퓨터와 인터넷의 등장으로 우리 생활이 완전히 바뀌었어요. 이들 기술이 생활 깊숙이 파고들자 사람들은 온라인 세상 속에 주변의 많은 정보과 서비스 등을 하나하나 심어 놓았지요. 이렇게 해서 현실과 비슷하지만 컴퓨터와 인터넷에만 존재하는 공간이 탄생한 거예요.

온통 가상 공간이다!

우리는 인터넷으로 연결된 가상 공간에서 서로 이야기와 정보를 주고받아요. 대화만 할 수 있는 게 아니에요. 이제 어지간한 일은 가상 공간에서 얼마든지 해결할 수 있지요.

기술이 발달하면서 가상 공간도 무척이나 다양해졌어요. 처음에는 단순히 게임 같은 것에 머물렀으나, 블로그·유튜브·카카오톡·인스타그램·페이스북 등 그 범위가 엄청나게 넓어졌지요. 앞으로 어디까지 넓어질지 예상할 수 없을 정도로 지금도 가상 공간은 몸집을 점점 더 불려 가고 있어요. 하루가 다르게 늘어난 가상 공간에서 우리는 더욱 다양한 경험을 하게 될 거예요.

없어도 살 수 있을까?

우리는 때로 현실보다 가상 공간에서 시간을 더 자주 보내고는 해요. 아침에 일어나자마자 유튜브부터 켜는 친구도 있겠지요? 동영상을 보며 낄낄 웃기도 하고 댓글을 달기도 해요. 직접 만나기보다 온라인 메시지로 대화하는 경우도 흔해요. 공부를 온라인 수업으로 대신하기도 하고요. 무엇보다 가상 공간에서 게임을 할 때가 가장 재밌어요. 게임 속 멋진 캐릭터를 만날 때면 기분이 짜릿하고 흥분을 느끼기도 해요. 그뿐일까요? 필요한 물건이 있을 때는 마트에 가는 것보다 온라인 쇼핑몰에서 주문하는 게 훨씬 편리해요. 집에 가만히 앉아서 쇼핑을 끝낼 수 있으니까요. 이제는 가상 공간 없이는 그야말로 생활할 수 없을 정도예요.

가상이 현실로 튀어나오면

　가상 공간에서 친구와 대화를 나누면 아무래도 아쉬운 점이 있어요. 직접 만나서 대화하는 것보다는 느낌이 덜하니까요. 가상 공간에서 보내는 시간이 늘어나면서 사람들은 가상 공간을 더 실감 나게 경험할 방법을 고민하기 시작했어요.

가짜인데 진짜처럼

　컴퓨터나 스마트폰으로 접하는 가상 공간 속 정보는 보통 눈으로 보고 귀로 들을 수밖에 없어요. 사람들은 가상 공간을 보다 실감 나게 느끼고 싶어서 새로운 기계를 개발했는데, 그중 하나가 VR 안경이에요.

　VR은 가상 현실(Virtual Reality)을 뜻하는 말로, 가상 공간을 실제처럼 생각하게 하는 기술이에요. 가상을 생생하게 보여 줘 마치 현실 같은 착각을 불러일으키지요.

　온라인 수업을 들을 때를 떠올려 보세요. 실제 교실에서 공부하는 만큼 실감이 나지는 않아요. 그런데 VR 안경을 쓰고 온라인 수업을 들으면 마치 교실에 있는 듯한 착각이 들 정도로, 현실과 가까운 수업을 듣게 되는 거예요.

가상 현실을 이용하면?

아마도 놀이공원이나 오락실 같은 곳에서 VR 안경의 효과를 경험한 친구도 있을 거예요. VR 안경을 쓰고 의자에 앉으면 롤러코스터에 타지 않고도 그 기분을 생생하게 느낄 수 있어요. 가상 공간 속 레일 꼭대기에서 아래로 떨어질 때는 가슴까지 철렁 내려앉아요. 의자의 덜덜 떨리는 움직임은 몰입을 더 높여 주지요.

가상 현실 기술은 놀이 기구나 게임뿐 아니라 여러 분야에서 활용될 것으로 기대돼요. VR 안경을 쓰고 몸속이나 우주를 탐험한다고 상상해 보세요. 이렇게 공부하면 머릿속에 지식이 쏙쏙 들어오겠지요? 실제로 의료 분야에서 수술 교육과 연습에 가상 현실 기술을 활용하려고 노력 중이에요. 또 비행사의 조종 훈련에 쓰이기도 한답니다.

가상이 현실에 덧입혀지면

가상 현실 기술을 이용하면 몸속이나 우주도 탐험할 수 있어요. 매우 흥미롭기는 하지만 보이는 모든 정보가 가상이라는 점에서 조금 아쉽지요. 현실과 가까워지는 또 다른 방법이 없을까요?

현실에 덧입히는 가상

증강 현실(AR, Augmented Reality) 기술이 있어요. 쉽게 말해, 현실에 가상의 정보를 겹쳐 하나로 보여 주는 것이지요. 예를 들어, AR 거울 앞에 서면 모습을 스캔해 그 자리에서 가상의 옷을 덧입혀 보여 줘요. 이러면 옷을 직접 입어 보지 않아도 나에게 어울리는지를 확인할 수 있어서 무척 편리하겠지요?

생활을 더욱 편리하게

요즘은 예전보다 놀러 가기가 편해졌어요. 어디가 재미있는 곳인지, 어떻게 가야 하는지, 또 맛집이나 숙소 정보까지 인터넷이 척척 알려 주니까요. 그래도 여행지에 도착해서 정보가 더 필요하기 마련이에요. 가고 싶은 식당이나 카페, 쇼핑몰 등을 찾으려면 지도를 살펴봐야 하거든요. 만약 지도를 제대로 읽지 못하면 잘못 찾아가는 일이 생기고 말아요. 이때 증강 현실 기술을 이용하면 쉽게 도움을 얻을 수 있어요. 카메라로 주변을 비추기만 해도 무엇이 어디에 얼마만큼 떨어져 있는지 쫙 나오니까요. 참! 증강 현실에서는 시시각각 변하는 실제 영상에 맞게 가상 정보를 결합하는 기술이 중요해요.

이러한 증강 현실 기술은 1990년대 들어서 비행기 제조 회사 보잉의 톰 코델과 데이비드 미젤에 의해 주목받기 시작했어요. 비행기를 만들 때는 수많은 부품과 전선이 필요해요. 부품과 전선을 제자리에 연결하기 위해 이들은 실제 영상에 가상의 설계도가 표시되게 했지요. 이러한 장치를 통해 작업자들은 복잡한 과정을 쉽게 이해했고 빠르고 정확하게 일을 끝낼 수 있었어요.

비슷하지만 다른 가상 현실과 증강 현실

가상 현실은 현실과 분리된 상태에서 가상 공간을 보여 줘 몰입감이 뛰어나요. 그래서 게임, 영화 등의 분야에서 활발하게 쓰이지요. 반면 증강 현실은 눈앞의 현실에 가상의 정보를 겹쳐서 보여 줘 가상 현실에 비해 현실감이 뛰어나요. 증강 현실 기술은 길 안내 말고도 다양하게 쓰이고 있어요. 얼굴을 인식해 사진에 효과를 더하는 카메라 애플리케이션도 증강 현실 기술을 이용한 거예요.

메타버스, 어디까지 왔니?

증강 현실 기술은 현실에 가상의 정보가 더해질 때 우리 생활이 얼마나 편리해지는지 보여 줘요. 더 편리한 세상을 꿈꾸는 사람들은 이제 현실과 가상이 결합된 메타버스를 이루기 위해 열심히 노력하고 있지요.

스마트폰 다음은 메타버스?

인류는 더 나은 생활을 위해 발명을 끊임없이 계속해 왔어요. 그중 오늘날 생활에 가장 큰 영향을 준 발명품은 무엇일까요? 아무래도 컴퓨터, 인터넷, 스마트폰 등이 아닐까요? 앞에서 살펴봤듯이, 컴퓨터와 인터넷이 등장하며 유튜브·블로그·페이스북·트위터 같은 가상 공간이 폭발적으로 생겨나기 시작했어요. 여기에 스마트폰이 더해져 가상 세계와 현실 세계를 잇는 다리 역할을 했지요. 손안의 작은 컴퓨터, 스마트폰은 언제 어디든 갖고 다닐 수 있으니까요.

전문가들은 가까운 미래에 메타버스 시대가 올 것이라 예상해요. 가상과 현실이 결합된 메타버스의 특성은 다양한 분야에서 활용되며 새로운 가치를 만들어 낼 거예요.

어떻게 활용될까?

메타버스가 어느 분야에서 어떻게 활용될지 분명하게 알 수 없어요. 하지만 현재의 기술을 미루어 앞날을 예상해 볼 수는 있지요.

신종 코로나바이러스(코로나19) 감염증이 유행하며 서로 얼굴을 마주 대하지 않는 비대면이 일상화됐어요. 이 같은 상황에서 새로운 쇼핑몰이 필요하지 않을까요? 가상 현실 기술을 이용하면 물건을 고르고 결제하는 모든 과정을 가상 공간에서 실제처럼 경험할 수 있을 거예요. 미국의 월마트는 이런 쇼핑 시스템을 마련했지요.

증강 현실 기술은 실제 쇼핑할 때 편리하게 쓸 수 있을 거예요. 주변에 어떤 물건이 있는지 정보를 한눈에 쫙 펼쳐 보여 줄 테니까요. 필요한 물건을 손쉽게 찾는 데 이보다 좋은 방법이 또 있을까요?

한편 나를 닮은 아바타로 가상 세계에서 이야기를 나눌 수도 있을 거예요. 이런 기능의 애플리케이션이 이미 나와 있어요. 사진을 찍으면 사용자의 생김새를 바탕으로 아바타가 완성되고, 그 아바타로 영상 통화를 할 수 있지요.

메타버스의 현재와 가능성

메타버스의 뜻

- 메타버스(metaverse)의 '메타(meta)'는 현실을 넘어섰다는 뜻이며, '버스(verse)'는 우주·세계를 뜻하는 유니버스(universe)에서 온 말임.
- 현실과 같은 활동이 이루어지는 가상 세계를 이르며, 이는 현재 우리가 경험하는 가상 세계보다 수준이 높음.
- 가상 세계는 컴퓨터와 인터넷 등으로 만들어 낸 현실과 비슷한 환경을 뜻함.

가상 공간

- 실제로 존재하지 않으며 컴퓨터와 인터넷에만 존재함.
- 기술의 발달로 현실과 닮은 가상 공간이 점점 늘어나고 있음. 이제 가상 공간에서 일상생활을 즐기기도 함.

가상 현실(VR)

- VR은 가상 현실(Virtual Reality)을 뜻하며, 가상 공간을 실제처럼 생각하게 하는 기술임.
- 가상을 생생하게 보여 줘 마치 현실 같은 착각을 불러일으킴.

- 게임, 교육, 의료, 항공 우주 산업 등 다양한 분야에서 활용될 것으로 기대됨.

증강 현실(AR)
- AR은 증강 현실(Augmented Reality)을 뜻하며, 현실에 가상의 정보를 겹쳐 하나로 보여 주는 기술임.
- 1990년대 비행기 전선 조립 설명 과정에서 증강 현실 기술을 쓰면서 주목받기 시작함.
- 증강 현실 기술이 적용된 사례로 AR 거울, 내비게이션, 얼굴 인식 카메라 애플리케이션 등이 있음.

메타버스의 가능성
- 가상과 현실이 결합된 메타버스의 특성은 다양한 분야에서 활용되며 새로운 가치를 만들어 낼 것으로 기대됨.
- 현재 가상 현실이나 증강 현실 기술을 결합해 쇼핑을 체험하는 서비스가 개발 중임.
- 나를 닮은 아바타를 내세워 영상 통화를 할 수 있는 애플리케이션도 나와 있음.

메타버스 속 아바타

메타버스와 관련해 아바타를 개발하는 기술이 빠르게 발전하고 있어요. 아바타는 가상 공간에서 자신을 대신하는 캐릭터예요. 이전에는 비교적 단순하게 사용돼 왔는데, 기술이 발전하며 점점 나를 닮은 존재로 나아가고 있어요.

나를 닮은 아바타

아바타로 조금 더 실감 나는 만남을 가질 날이 멀지 않은 듯해요. 2021년, 소프트웨어 회사 마이크로소프트는 아바타를 바탕으로 한 가상 공간을 개발 중이라고 밝혔어요. 이 공간에서 사용자는 아바타로 회의에 참여하고 일도 할 수 있지요. 게다가 이 아바타는 말뿐 아니라 사용자의 표정과 몸짓까지 따라 할 수 있을 것이라고 해요. 이 수준이라면 회의에 직접 가지 않고도 마치 그 자리에 있는 것처럼 참여할 수 있겠지요?

대신 학교도 가고 출근도 하고

만약 내 표정과 몸짓까지 따라 할 수 있는 아바타가 나오면 우리는 놀라운 변화를 경험하게 될 거예요.

코로나19 감염증 같은 전염병이 다시 퍼져 학교에 갈 수 없는 상황이 벌어졌다고 생각해 봐요. 이럴 때도 아바타로 수업을 이어 나갈 수가 있어요. 선생님과 학생 모두가 자신의 아바타를 가상 공간 속 학교로 보내면 되니까요. 현실에서처럼 교실로 들어가 반가운 표정으로 서로 인사하고 책상에 앉아 수업을 듣지요. 궁금증이 생기면 손을 들어 질문하고, 바로 답을 들을 수도 있어요.

회사에 다니는 어른도 마찬가지예요. 가상 공간 속 회사에

자신의 아바타로 접속하면 돼요. 아바타로 출근해 평소처럼 일하는 거예요. 물론 서로서로 이야기를 나눌 수도 있어요.

이런 상상이 머지않은 미래에 현실로 이루어지기를 기대해 봐요.

- 암호 화폐가 뭐야?
- 이제는 NFT로 사고판다
- 메타버스와 함께 주목받는 NFT
- 놀면서 돈을 번다고?
- 메타버스에서 부동산도 사 볼까?

한눈에 쏙 메타버스가 만드는 가상 경제
한 걸음 더 어린이가 NFT로 돈을 번 비결은?

드디어 다 모았어!

어린아이가 대단하네. 그 돈 모두 어디다 쓰려고?

현실 세계에 가려면 돈이 많이 필요하거든요.

그러면 암호 화폐가 제격이겠네.

암호 화폐요? 그게 뭔가요?

후후, 그건 말이지. 가상 세계와 현실 세계에서 두루 쓰일 돈이지.

암호 화폐가 뭐야?

우리가 원하는 것을 사려면 돈이 필요해요. 이러한 돈은 나랏돈을 책임지고 관리하는 중앙은행이 찍어 낸답니다. 우리나라의 중앙은행은 한국은행이에요. 그런데 언제부턴가 암호 화폐가 등장해 사회가 떠들썩해요. 많은 사람들이 암호 화폐를 얻으려고 뛰어드는 이유가 무엇일까요?

암호 화폐와 블록체인

암호 화폐는 우리가 쓰는 돈처럼 실물이 있지 않고, 가상 공간에 데이터 형태로 존재해요. 보통의 돈과 또 다른 점은 중앙은행이 아니어도 누구나 자유롭게 발행할 수 있으며, 온라인상에서 거래된다는 점이에요. 그러면 불법으로 복제할 위험이 따르지 않냐고요? 쉽게 풀지 못하는 암호가 걸려 있어서 보안에도 문제가 없어요. 암호 화폐라고 부르는 이유는 블록체인 기술에 암호를 더해 관리하기 때문이에요. 가상 공간에서 쓰이는 암호 화폐는 메타버스 등장과 함께 더 주목을 받고 있어요.

나도 암호 화폐를 만들 수 있다?!

암호 화폐는 어떻게 시작된 것일까요? 2008년, 미국에 금융 위기가 닥치며 정부와 중앙은행이 관리하는 통화 제도의 허점이 드러났어요.

돈을 많이 찍어 내는 바람에 돈의 가치가 떨어졌거든요. 사람들은 새로운 데로 눈을 돌리기 시작했어요. 바로 암호 화폐랍니다.

암호 화폐는 정부나 중앙은행의 결정이 아닌, 일정한 규칙에 따라 발행돼요. 대표적인 암호 화폐로 비트코인이 있어요. 사용자가 컴퓨터 프로그램을 돌려 복잡한 문제를 풀면 그 대가로 비트코인이 주어지지요. 정보량 단위인 비트(bit)와 동전을 뜻하는 코인(coin)을 합쳐 만든 이름이에요.

암호 화폐는 블록체인과 같은 암호화 프로그래밍 기술을 바탕으로 만들어져요. 만약 이 일을 감당할 수 있으면 어린이라도 암호 화폐를 직접 발행하는 게 가능해요.

안전하고 투명한 블록체인

누군가 은행 서버를 해킹해 계좌 정보에 손을 대면 정말 큰일이지요? 블록체인(block chain)은 이런 위험에 대비해 생겨난 기술이에요. 거래 정보가 담긴 하나하나의 블록(block)을 사슬(chain)처럼 연결해, 이를 사용자 모두가 저장하는 방식이지요. 모두가 정보를 가지고 관리하기 때문에 해킹으로부터 안전해요.

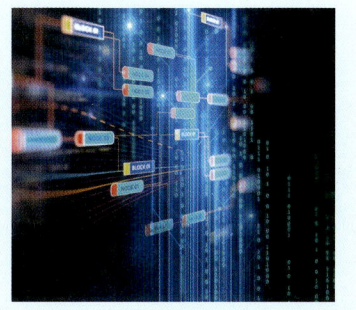

이제는 NFT로 사고판다

보통 우리는 돈이든 물건이든 실제로 손안에 있어야 가졌다고 생각해요. 하지만 메타버스 시대에는 보통과 다르게 생각할 줄 알아야 해요. 실물이 없어도 얼마든지 물건을 소유할 수 있거든요.

NFT가 뭐길래 돈을 벌까?

2021년, 한 중학생이 NFT 그림으로 무려 1,200만 원을 벌었다는 기사가 화제가 됐어요. 이렇게 큰돈을 어떻게 벌 수 있었을까요? 이를 알려면 NFT가 무엇인지부터 살펴봐야 해요.

NFT는 대체 불가능한 토큰(Non-Fungible Token)을 뜻해요. 블록체인을 이용해 디지털 자산에 고유 정보를 넣는 기술로, 소유권을 인증해 주는 일종의 증명서와 같지요. 앞서 말한 중학생의 사례처럼 그림을 NFT로 발행하면 번호가 매겨져 거래소에서 사고팔 수 있어요.

 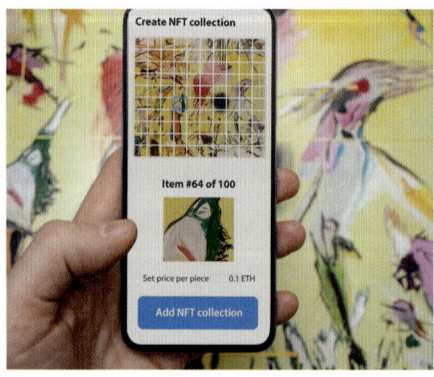

세상에 하나뿐인 NFT

디지털 자산에서 가장 걱정되는 부분은 쉽게 복제될 위험이 있다는 점이 아닐까요? NFT는 블록체인 기술을 이용하기 때문에 복제가 불가능해요. 그래서 이름도 대체 불가능한 토큰인 거예요. NFT로 발행한 물건은 이 세상에 단 하나뿐이기에 그 가치가 높아지지요. NFT 작품이 비싼 가격에 팔리는 이유도 여기에 있어요.

세상 모든 것이 NFT 작품이 될 수 있어요. 영국에 사는 12세 소년은 픽셀로 표현한 이미지를 NFT로 발행해 약 40만 달러어치 암호 화폐를 벌어 큰 주목을 받았지요. 40만 달러는 우리 돈으로 5억 원이 넘어요. 그야말로 억 소리 나는 큰돈이에요.

메타버스와 함께 주목받는 NFT

유명 화가의 그림은 비싸게 팔리곤 하지만, 어떻게 실제 그림도 아닌 NFT 그림이 높은 값에 팔리는 것일까요? 이는 우리가 가상과 현실이 결합된 메타버스 시대로 나아가고 있는 것을 보여 주는 게 아닐까요? 메타버스 시대로 뛰어들 마음의 준비가 됐다면 NFT 제작에 직접 도전해 봐요.

쉽게 따라 하는 NFT 거래

막상 NFT를 발행하려니 어려울 것 같다고요? 그렇지 않아요. 그림, 사진, 음악, 글 등 다른 사람의 관심을 끌 만한 무엇이든 NFT 작품으로 재탄생할 수 있어요. 모아 둔 것이 있으면 디지털 파일로 만들어 봐요. 잠깐, 혹시라도 다른 사람에게 저작권이 있는 것이라면 절대 써서는 안 돼요! 남의 그림, 사진, 음악, 글 등을 허락 없이 쓰는 것은 저작권을 침해하는 일로 처벌받을 수 있어요.

다음으로 암호 화폐 업체를 골라야 해요. 업체와 연결돼야 NFT 작품을 사고팔 수 있거든요. 거래를 위해서는 디지털 지갑을 만들어야 하고, 암호 화폐를 얼마 정도 사야 해요. 디지털 지갑은 진짜 지갑이 아니에요. 암호 화폐를 보관하는 계정에 가깝지요.

준비를 마쳤으면 나의 작품에 가장 적합한 NFT 거래소를 찾아봐요. 거래소에서 내 작품을 NFT로 발행할 수 있도록 안내해 줄 거예요. 이때 암호 화폐로 거래가 이루어져요.

작품이 NFT로 발행되면 내가 정한 값에 팔지, 아니면 경매를 통해 가장 높은 값을 부르는 사람에게 팔지 결정해요. 작품을 등록하고 나면 살 사람이 나타나기를 기다리면 돼요. 생각보다 어렵지 않지요?

내 작품을 NFT로 파는 방법

① 내 작품을 디지털 파일로 만들기

② 암호 화폐 업체와 NFT 거래소 선택하기

③ 작품을 NFT로 발행하고 등록하기

④ 고정 가격 또는 경매로 팔기

전 세계 NFT 시장 규모는?

가상 자산 데이터 분석 기관인 메사리의 보고서에 따르면, 2021년 전 세계 NFT 예술품 시가 총액은 약 140억 달러로 집계됐어요. 한편 우리나라 자료에 의하면 전 세계 NFT 시장 규모는 2020년 약 9,400만 달러에서 2021년 약 248억 달러로 1년 만에 264배 가까이 성장한 것으로 나타났지요. 248억 달러는 우리나라 돈으로 무려 33조 원이 넘어요.

놀면서 돈을 번다고?

게임은 너무 재미있어요. 하지만 어떨 때는 돈을 써야 해서 부모님 눈치가 보이기도 해요. 그런데 돈을 쓰지 않고 오히려 버는 게임도 있다고 해요. 어떤 게임인지 궁금하다고요?

NFT에 빠진 게임

새로운 방식의 게임을 내놓아 주식이 무려 수십 배나 오르고 장안의 화제가 된 회사가 있어요. 도대체 어떤 게임을 내놓았기에 이런 일이 벌어졌을까요?

바로 캐릭터 모두가 NFT로 만들어진 게임이었어요. 이 게임 속 캐릭터는 저마다 생김새와 가치가 달라요. 즉 고유한 캐릭터를 자신만 가지는 것이지요. 또 캐릭터를 키워 새로운 캐릭터를 탄생시킬 수 있는데, 만약 희귀한 특징이 있으면 가치가 더 오르겠지요? 캐릭터뿐 아니에요. 게임 속 여러 아이템에 NFT 기술을 적용해 사고파는 일이 가능해요. 이렇게 게임을 하면서 돈을 버는, 이른바 P2E(Play to Earn) 방식으로 인기를 끈 거예요.

NFT 기반의 게임인 엑시 인피니티

거래도 암호 화폐로 이루어져

이러한 NFT 게임은 블록체인 기술을 바탕으로 해서 거래도 암호 화폐로 이루어져요. 앞에서 살펴봤듯이, 암호 화폐는 블록체인에 저장돼 안전하게 보관할 수 있는 것이 장점이에요.

일반 게임의 경우, 내가 게임 머니를 가지고 있어도 회사가 증명해 줘야 가치를 지녀요. 혹시라도 게임 회사가 망하면 가치도 사라지는 거예요. 하지만 NFT 게임으로 얻은 암호 화폐는 게임 회사가 망해도 그런 일이 생기지 않아요. 블록체인 기반의 디지털 지갑에 데이터로 존재하니까요.

가상 화폐? 암호 화폐?

가상 화폐와 암호 화폐는 얼핏 비슷해 보여도 차이가 있어요. 무엇이 다를까요? 가상 화폐는 실물이 존재하지 않는, 가상 공간에서 쓸 수 있는 화폐예요. 게임 머니 역시 가상 화폐의 하나이지요. 암호 화폐 또한 가상 화폐의 한 종류로 볼 수 있어요. 다른 가상 화폐와 특히 다른 점은 블록체인 기술을 활용해 개인끼리 거래가 가능하다는 것이지요.

메타버스에서 부동산도 사 볼까?

암호 화폐, NFT 작품, NFT 게임 등을 살펴보니 메타버스와 관련해 새로운 경제가 움트는 것이 실감 나지요? 이뿐만이 아니에요. 가상 부동산 거래도 조금씩 활발해지고 있어요.

메타버스에서 땅따먹기

부동산은 움직여 옮길 수 없는 재산, 즉 땅이나 건물을 뜻해요. 가상 부동산은 가상 공간에 존재하는 땅이나 건물을 가리키지요. 메타버스가 주목받으며 가상 공간에 있는 부동산을 사고파는 일이 벌어졌어요. 어떻게 이런 일이 가능할까요?

가상 부동산 거래 게임 어스투를 살펴보면 이해가 될 거예요. 어스투는 먼저 구글 지도 서비스인 구글어스를 바탕으로 지구와 똑같은 가상 공간을 만들었어요. 그리고 땅을 네모 칸으로 나눠서 사고팔 수 있도록 했는데, 100제곱미터 한 칸을 타일이라고 부르지요.

어스투(www.earth2.io)에 접속해 'BUY LAND'를 클릭하면 위성 지도 같은 화면이 펼쳐져요. 여기서 사고 싶은 지역을 검색해 타일을 선택하면 가격을 확인할 수 있어요. 이미 다른 사람이 소유한 타일은 국기 또는 빨간색으로 표시돼요. 2020년 처음 서비스를 시작했을 때 게임 회사가 타일을 0.1달러에 팔았어요. 지금은 가치가 크게 오른 곳도 있지요. 예를 들어 미국 백악관은 2023년 기준으로 그 가치가 무려 600배 넘게 올랐어요. 이처럼 현실에서는 돈이 아무리 많아도 살 수 없는 곳도 어스투에서는 얼마든지 거래가 가능해요. 그래서일까요? 발 빠른 사람들은 미리 그 가치를 내다보고 가상 세계 곳곳의 부동산을 사 두었다고 하지요.

　어스투에 약점이 없는 것은 아니에요. 어스투는 메타버스에 어울리지 않게 블록체인과 암호 화폐를 이용하지 않고, 회사가 직접 돈을 관리해요. 만약 회사에 문제가 생기면 나의 가상 부동산에도 문제가 생길 수 있어요.

블록체인, 암호 화폐, NFT를 품은 게임

　어스투의 약점을 보완한 가상 부동산 거래 게임도 등장했어요. 대표적인 것이 디센트럴랜드이지요. 이 게임에서는 모든 거래가 블록체인과 암호 화폐 기술을 바탕으로 이루어져요. 또 부동산 소유권이 NFT로 발행돼, 혹시나 회사가 잘못되더라도 돈을 받지 못할 걱정이 없어요.

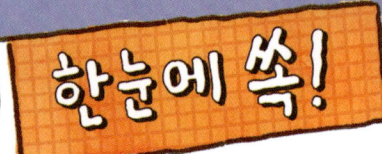

메타버스가 만드는 가상 경제

암호 화폐
- 실물이 있지 않고 가상 공간에 디지털 형태로 존재하는 화폐임.
- 중앙은행이 아니어도 누구나 자유롭게 발행할 수 있으며, 온라인상에서 거래됨.
- 블록체인 기술로 관리해서 해킹으로부터 안전함. 블록체인 기술은 거래 정보가 담긴 하나하나의 블록을 사슬처럼 연결해, 이를 사용자 모두가 저장하는 방식임.

NFT
- 대체 불가능한 토큰(Non-Fungible Token)을 뜻함.
- 디지털 자산에 고유 정보를 넣어 소유권을 인증해 주는 일종의 증명서와 같음.
- NFT는 블록체인 기술을 이용하기 때문에 복제가 불가능함. 저마다 고유성과 희소성을 가져 가치가 높아짐.

NFT 거래 따라 하기
① 그림, 사진, 음악, 글 등 나의 작품을 디지털 파일로 만들기.
② 암호 화폐 업체와 NFT 거래소 선택하기.

③ NFT를 발행하고 등록하기.
④ 고정 가격 또는 경매로 팔기.

NFT 게임
- 게임 속 캐릭터와 아이템 등이 NFT로 만들어져 저마다 고유성과 희소성을 가짐.
- 캐릭터나 아이템을 창조해 NFT로 발행해서 이를 사고팔 수 있음. 돈을 버는 게임 방식으로 주목을 받음.

가상 부동산
- 메타버스가 주목받으며 가상 공간에 있는 땅이나 건물을 사고파는 서비스가 등장함.
- 게임 어스투는 지도 서비스인 구글어스를 바탕으로 가상의 땅을 타일 단위로 나눠서 거래하도록 함.
- 가상 부동산은 시간이 지나며 가치가 크게 오른 곳도 있음.

어린이가 NFT로 돈을 번 비결은?

2021년 NFT 시장에서 단연 화제가 된 인물은 고래 이미지로 무려 40만 달러어치 암호 화폐를 번 12세 영국 소년 베니어민 아메드예요. 앞에서 잠깐 소개했지요. 아메드는 어떻게 이렇게 큰돈을 벌 수 있었을까요? 그 비결이 무엇인지 알아봐요.

밈이 뭐길래

아메드가 NFT로 판매한 작품은 〈이상한 고래들〉이에요. 아메드는 어려서부터 게임을 즐기고 프로그래밍에 관심이 많았다고 해요. 그러던 아메드는 여름 방학 며칠 동안 서로 다른 고래 이미지를 만들어 NFT로 발행했어요. 기본이 되는 고래 그림을 프로그래밍을 통해 조금씩 바꿔서 3,350개나 되는 디지털 자산을 만든 거예요.

또한 이 작품을 개인 SNS에 올려 알리기도 했어요. 가상 공간에서 밈 문화가 강력하다고 생각했거든요. 밈은 유행어, 이미지, 영상 등을 모방해 새로운 콘텐츠를 만들어 내는 것을 말해요. 인터넷상의 짤*이나 챌린지*도 밈

★ **짤** '짤림 방지'의 줄임말로, 주로 인터넷상에서 사진이나 그림 따위를 이름.
★ **챌린지** 특정한 주제를 담은 사진이나 영상을 SNS에 올리고 지목된 다음 사람이 같은 행위를 하도록 하는 것.

의 하나예요. 이렇게 가상 공간에서 밈은 놀이 문화로 발전해 특히 어린 세대에서 큰 인기를 얻고 있어요.

메타버스 시대가 열리면

아메드는 이 NFT 작품으로 두 달 만에 약 40만 달러를 벌어들였어요. 여기서 끝이 아니에요. 이후에도 작품이 거래될 때마다 로열티*를 받지요. 기존 시장과 달리 NFT 시장에서 창작자는 미래의 거래에서도 수익을 얻을 수 있거든요.

아메드는 NFT로 번 돈을 암호 화폐로 저축해 두었어요. 물론 세금을 내거나 할 때는 실제 돈으로 바꾸기도 하지만, 그 외에는 한 푼도 쓰지 않고 모두 암호 화폐로 모아 두고 있지요. 앞으로 암호 화폐의 시대가 올 것이라고 내다보니까요. 다가올 메타버스 시대에 걸맞은 생각과 태도가 아닐까요?

★ **로열티** 남의 상표, 기술, 예술 작품 등을 가져다 쓸 때 내는 돈.

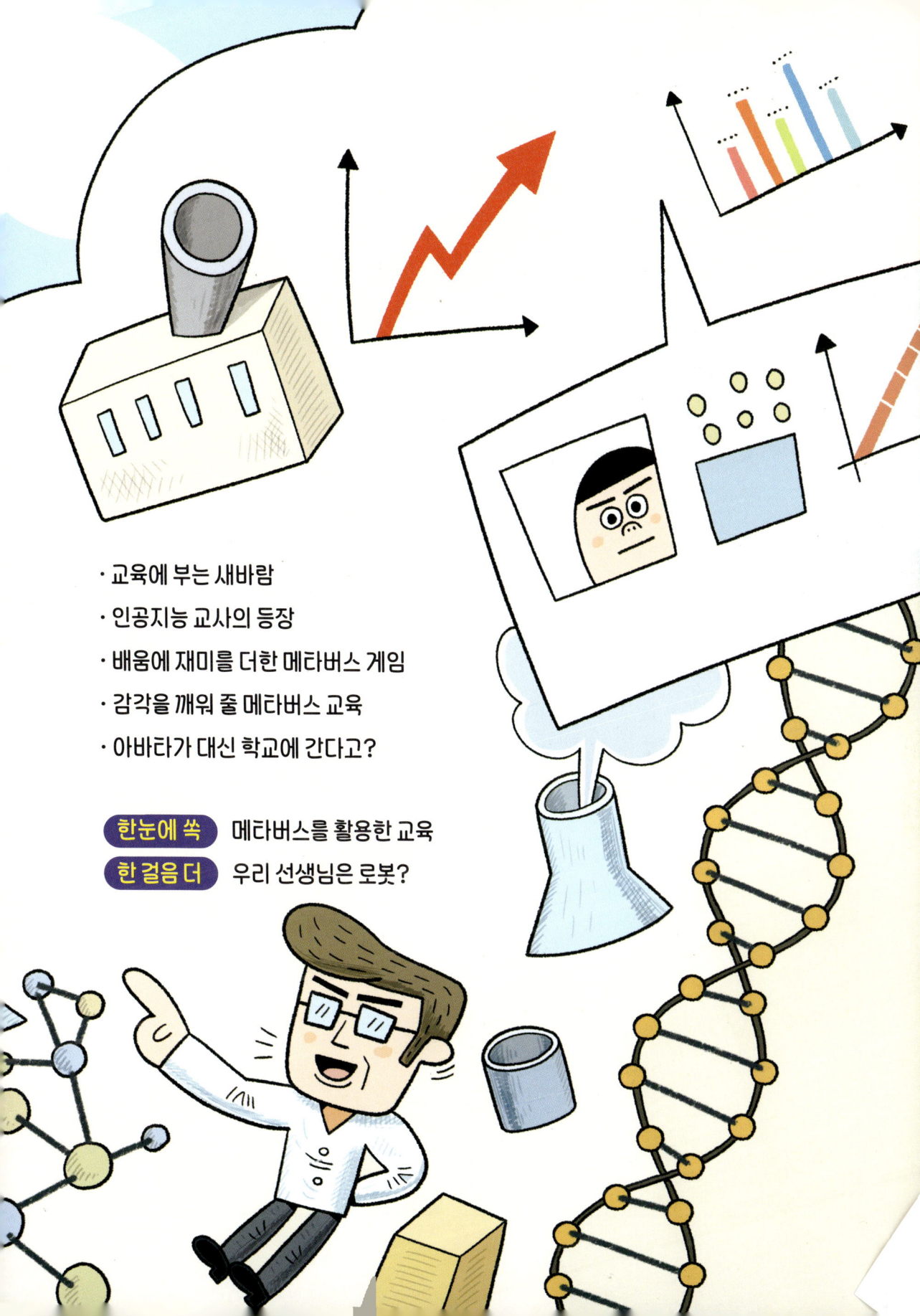

- 교육에 부는 새바람
- 인공지능 교사의 등장
- 배움에 재미를 더한 메타버스 게임
- 감각을 깨워 줄 메타버스 교육
- 아바타가 대신 학교에 간다고?

한눈에 쏙 메타버스를 활용한 교육
한 걸음 더 우리 선생님은 로봇?

교육에 부는 새바람

과학 기술이 발달하며 우리 생활 곳곳에 스마트 바람이 불기 시작했어요. 비단 스마트폰뿐 아니에요. 스마트 홈, 스마트 스토어, 스마트 오피스, 스마트 팩토리 등 각 분야에 과학 기술이 더해지며 변화가 생겼지요. 이 스마트 바람에 교육도 빠질 수 없어요.

디지털 교과서를 넘어

예전에는 종이 교과서밖에 없었어요. 스마트 교육은 먼저 교과서를 만드는 것에서 시작됐지요. 컴퓨터와 모바일 기기를 활용한 디지털 교과서가 만들어진 거예요. 이로써 사진과 동영상 등 자료를 보다 생생하게 전달할 수 있게 됐어요. 각 교실에 전자 칠판, 전자 교탁 등이 들어와 자료를 간편하게 보여 주는 일도 가능해졌지요. 한 걸음 더 나아가, 온라인 교육 시스템을 마련해 집에서도 수업을 받을 수 있게 됐어요.

이제는 온라인 수업 시대

코로나19 감염증이 유행하며 온라인 수업이 빠르게 자리 잡아 갔어요. 전에도 온라인 수업이 있었지만, 녹화해 둔 영상을 단순히 보고 듣는 수준이었지요. 이제는 실시간으로 수업을 들을 수 있어요. 선생님과 학생이 서로 얼굴을 보면서  이야기를 나눌 정도로 기술이 발전했지요. 덕분에 코로나19 대유행 아래서 학교에 가지 않고도 수업을 받았던 거예요. 이러한 온라인 수업 프로그램은 학교마다 자체적으로 마련하는 경우도 있고 줌, 구글 미트, 스카이프, 웹엑스 등 애플리케이션을 쓰기도 해요.

온라인 수업은 그 편리성으로 코로나19 시대 이후로도 미래 교육을 이끌 하나의 대안으로 관심을 받고 있어요.

언제 어디서나 공부할 수 있고 이해되지 않는 부분은 다시 되돌려 볼 수도 있으니 정말 편리하지요?

인공지능 교사의 등장

온라인 수업은 학교에 가지 않고도 공부를 할 수 있어서 좋아요. 하지만 단점도 있어요. 아무래도 교실에서보다 수업에 몰입이 어려워 딴짓을 하거나 졸기 쉽거든요. 메타버스 시대에 맞는 더 스마트한 발전이 필요해요.

저마다에게 딱 맞는 인공지능 교사

현재는 보통 선생님 한 명당 스무 명이 넘는 학생을 가르쳐야 해서 어려움이 있어요. 저마다 수준이 다르니 개개인의 수준에 딱 맞춰 가르치기가 쉽지 않지요. 이런 상황에서 온라인 수업을 하면 문제는 더 커질 수밖에 없어요.

이 문제를 해결하려고 등장한 기술이 인공지능 교사예요. 인공지능은 점점 발달해 사람의 말을 알아듣고 그에 맞는 대답까지 하는 수준에 올랐어요. 특히 수학 계산 같은 분야에서는 사람보다 뛰어난 능력을 보여요. 이러한 능력을 교육에 활용한 것이 바로 인공지능 교사랍니다.

인공지능 교사는 시간과 공간의 제약 없이 이용할 수 있어서 편리해요. 게다가 학생 한 사람 한 사람 수준에 맞게 가르칠 수도 있지요. 학생의 약한 부분을 정확하게 짚어 내서 그 부분을 해결해 줄 수도 있어요.

선생님에게도 도움이 돼!

인공지능 교사는 학생뿐 아니라 선생님에게도 도움이 될 거예요. 각 학생의 공부 상황을 알려 주고 해결책까지 제시해 줄 테니까요. 선생님이 학생 모두를 살필 시간과 노력을 덜어 주지요. 또 학교 선생님은 수업뿐 아니라 행정 업무도 맡고 있어요. 이 부분도 인공지능의 도움을 받아 수고를 줄이게 될 거예요. 인공지능 교사는 이처럼 좋은 점이 많아서 메타버스 시대에 맞는 기술이라 할 수 있어요.

현재 인공지능 수학 교육 프로그램 '노리'가 개발돼 있어요. 우리 기술로 만든 노리는 학생이 틀린 문제의 개념을 찾아내 알려 주지요. 노리와 함께라면 수학 공부도 재미있지 않을까요? 이처럼 업계는 교육 프로그램에 인공지능을 도입하려고 열심히 노력하고 있어요. 머지않은 미래에 더욱더 다양한 인공지능 콘텐츠가 나오리라 기대할 수 있답니다.

배움에 재미를 더한 메타버스 게임

학교에서 수업 듣는 것을 좋아하는 친구도 있겠지만 싫어하는 친구도 있을 거예요. 아무래도 가만히 앉아 있으면 지루하고 따분해지니까요. 만약 공부를 게임처럼 할 수 있다면 어떨까요? 이런 수업이라면 누구나 듣고 싶어 할 거예요.

게임하듯 공부하자!

마인크래프트는 어린이에게 가장 인기 있는 게임 중 하나예요. 네모난 블록으로 이루어진 가상 세계에서 혼자 또는 여럿이 건축, 사냥, 농사, 채집, 탐험 등을 자유롭게 즐길 수 있지요. 정해진 목표 없이 하고 싶은 것을 마음껏 즐기는 점에서 다른 게임과 차이를 보여요.

이런 마인크래프트가 교육 분야와 만나면 어떻게 될까요? 마인크래프트 속에 현실의 여러 장소와 자료가 들어간다면요? 게임이 놀이이자 공부 수단으로 활용되지 않을까요?

실제로 마인크래프트는 메타버스 요소를 추가해 가상과 현실을 연결했어요. 이제 마인크래프트에서 국제우주정거장을 탐사하고, 미국 워싱턴의 관광지도 가 보고, 여러 지식을 얻을 수 있지요.

한편 2020년 어린이날을 맞아 대통령은 마인크래프트 속 청와대에 어린이들을 초대하기도 했어요. 코로나19 감염증 유행에 따른 사회적 거리 두기를 실천하고자 청와대를 가상 공간에 구현한 것이었어요. 어린이들은 가상 청와대의 이곳저곳을 실제와 같이 구경할 수 있었지요. 각 대학과 지방 자치 단체도 게임에 가상 대학이나 문화유산 등을 심어서 알리는 일이 열풍처럼 번지기도 했어요. 한 예로, 인천시는 지난 2020년부터 마인크래프트에 가상 공간 인천크래프트를 구축해 도시를 꾸준히 알리고 있답니다.

전 세계 여러 초등학교가 수업에 교육용 메타버스 게임을 이용하고 있을 정도예요. 교육용 메타버스 게임은 역사, 과학, 수학, 미술, 영어 등 다양한 수업에 활용되고 있어요. 어때요, 이렇게 게임하듯 공부하면 효과가 더욱 크겠지요?

마인크래프트에 가상 공간을 만들어 도시를 알리고 있는 인천시

감각을 깨워 줄 메타버스 교육

학자들은 우리가 공부할 때 눈으로 읽기만 하면 그중 10퍼센트 정도만 기억한다는 사실을 발견했어요. 그리고 실제로 들은 것은 20퍼센트, 본 것은 30퍼센트, 듣고 본 것은 50퍼센트, 듣고 보고 말한 것은 70퍼센트, 듣고 보고 말하고 행동까지 한 것은 90퍼센트나 기억한다는 사실을 알아냈지요.

메타버스로 공부하면?

더 많은 감각을 이용해서 공부할 때 효과가 훨씬 크다는 사실을 알 수 있어요. 메타버스는 사용자의 감각을 넓혀 마치 실제와 같은 경험을 하게 만들어요. 바로 이 점을 교육에 활용하면 공부 효과가 높아지겠지요?

앞에서 가상 현실이 무엇인지 살펴봤어요. 가상 현실은 가상 공간을 실제와 같이 체험할 수 있도록 하는 기술이에요. 이런 게 가능한 이유는 우리의 감각에 착각을 일으켜 마치 현실처럼 인식시키기 때문이지요. 가상 현실 기술을 교육에 활용하면 듣고 보고 말하고 행동하는 효과를 얻을 수 있을 거예요.

이미 가상 현실을 통한 교육이 활발히 일어나고 있어요. 미국 톨레도대학교에서는 가상 현실을 이용해 해부학 수업을 해요. VR 안경을 쓰고서 실제로 해부하는 것처럼 공부하는 거예요. 싱가포르 난양폴리

텍대학교에서는 터빈*을 공부하는 데 가상 현실을 이용해요. 마치 실물을 들여다보는 것처럼 입체적으로 공부할 수 있지요.

증강 현실을 이용한 교육도 활발히 일어나고 있어요. 증강 현실은 현실에 가상의 정보를 겹쳐 하나로 보여 주는 기술이에요. 한국과학창의재단은 증강 현실 기술을 활용한 콘텐츠인 'AR 동물 관찰'을 개발했어요. 동물 카드에 기기를 가져다 대면 그 동물의 생김새, 서식지, 먹이, 해부 그림 등 다양한 정보를 보여 주지요. 눈앞에서 동물의 이모저모를 관찰할 수 있어요.

메타버스 교육의 효과는?

메타버스 교육은 어느 정도로 효과가 있는 것일까요? 소프트웨어 회사 이온리얼리티의 보고에 따르면 가상 현실, 증강 현실을 통한 메타버스 교육은 보통의 방식보다 효과가 2.7배 이상 높은 것으로 나타났어요. 학생의 집중력도 기존보다 100퍼센트나 나아졌다고 하지요. 무엇보다 메타버스 교육은 생생한 경험을 할 수 있게 도와줘서, 요즘 강조되는 창의력을 기르는 데도 도움을 줄 것으로 기대돼요.

★ **터빈** 높은 압력의 유체를 날개바퀴의 날개에 부딪치게 함으로써 회전하는 힘을 얻는 원동기.

아바타가 대신 학교에 간다고?

2009년, 영화 〈아바타〉 시리즈가 처음 나왔어요. 첫 편은 판도라 행성에 자원을 찾으러 가는 것으로 이야기가 시작돼요. 그런데 판도라 행성의 공기는 지구와 달라 사람이 숨을 제대로 쉬기가 어려웠어요. 결국 자신을 대신하는 아바타를 만들어 행성을 탐험하지요. 이런 일이 실제로도 가능할까요?

메타버스 학교에 놀러 가자

메타버스가 등장하며 아바타가 다시 떠오르고 있어요. 알다시피 아바타는 가상 세계에서 나를 대신하는 캐릭터예요. 우리는 메타버스로 구축된 곳이라면 어디든 아바타를 통해 갈 수 있어요. 그동안 상상만 해 왔던 아바타가 나를 대신해서 학교에 가는 미래가 한 발짝 다가온 거예요.

그러려면 먼저 현실과 거의 같은 모습의 가상 학교가 만들어져야 해요. 메타버스 기술을 활용한 몇몇 서비스가 소개되기도 했지요. 대표적으로 웅진 스마트올, 교원 아이캔두 등이 있어요.

이들 가상 학교에서 사용자는 아바타로 교실에 들어가 공부를 할 수 있어요. 공부하다 궁금증이 생기면 백과사전을 열어 모르는 내용을 찾아보는 것도 가능해요. 가상 도서관에서 여러 가지 책을 골라 읽을 수도 있어요. 어디 그뿐인가요? 친구들과 이야기를 나눌 수도 있는걸요?

또한 실사형 인공지능 교사도 등장해요. 바로 초등학생 사이에서 인기 있는 크리에이터 도티쌤이지요. 여기에 대화 전문 인공지능인 챗GPT 기술을 더하려는 노력도 하고 있어요. 앞으로 사용자는 필요한 정보를 손쉽게 찾을 뿐 아니라, 실시간으로 질문에 대한 답을 듣게 될 거예요. 챗GPT에 대해서는 뒤에서 조금 더 알아보기로 해요. 어때요, 이런 기술이 도입되면 진짜 교실에서 수업을 듣는 듯한 느낌이 들겠지요?

가까운 미래에 나 대신 아바타가 학교에 가서 공부하는 시대가 정말로 올 것 같지 않나요? 기술이 발전해 실제로 이루어질 그날을 손꼽아 기다려 봐요.

웅진 스마트올 속 가상 교실과 도서관의 모습

메타버스를 활용한 교육

스마트 교육
- 과학이 발달하며 스마트 기술을 활용해 수업과 공부를 도우려는 노력이 계속되고 있음.
- 디지털 교과서를 시작으로 전자 칠판, 전자 교탁 등이 쓰임.
- 코로나19 감염증 유행으로 온라인 수업도 빠르게 자리 잡아 감.

인공지능 교사
- 인공지능 교사는 시간과 공간의 제약 없이 이용할 수 있어서 편리함.
- 각자의 수준에 맞는 교육이 가능함. 인공지능 교사는 학생의 약한 부분을 정확하게 찾아내고 해결책을 제시해 줌.
- 학생뿐 아니라 선생님에게도 도움을 줌. 수업 외 행정 업무에 들어가는 수고도 덜어 줄 것으로 기대됨.

메타버스 게임과 만난 교육
- 메타버스 게임을 이용한 교육에 관심이 높아지고 있음.
- 게임 마인크래프트는 가상 공간에 현실의 장소나 교육 자료를 넣어 공부 효과를 높였음.
- 전 세계 여러 초등학교가 교육용 메타버스 게임을 수업에 다양하게 활용하고 있음.

감각을 깨우는 메타버스 교육
- 메타버스에 대한 관심이 높아지며 교육에 활용하는 사례가 늘고 있음.
- 감각에 착각을 일으켜 실제처럼 느끼게 하는 가상 현실과 현실에 가상의 정보를 덧입히는 증강 현실 기술이 활용됨.
- 가상 현실, 증강 현실을 통한 메타버스 교육은 학습 효과가 높은 것으로 나타남.

아바타로 학교 가기
- 메타버스로 구축된 곳은 어디든 아바타를 통해 갈 수 있음.
- 기술의 발달로 아바타가 나를 대신해서 학교에 갈 수 있는 시대가 다가왔음.

한 걸음 더!

우리 선생님은 로봇?

사람이 아닌 로봇이 공부를 가르쳐 주면 어떤 느낌이 들까요? 아마도 신기하고 재미있지 않을까요? 요즘에는 교육용 로봇도 속속 등장하고 있어요. 어떤 모습인지 살펴봐요.

함께 놀면서 배우는 인공지능 로봇

2016년 미국 캘리포니아에서 로보비즈니스 전시회가 열렸어요. 이 전시회에서 아이팔이라는 로봇이 등장해 관심을 끌었지요. 아이팔은 키가 어린이만 하고 큰 눈과 움직이는 손가락을 가지고 있어요. 눈에 띄는 점은 가슴에 터치스크린 패널이 달려 있다는 점이에요. 사용자의 터치에 반응해 교육 프로그램을 제공하지요. 아이팔은 어른이 집에 없는 동안 아이들과 놀아 주는 기능도 해요. 아이들은 아이팔과 노래하며 춤추고 가위바위보 놀이 등을 할 수 있어요. 물론 간단한 대화도 나눌 수 있고요.

한편 중국 유치원에는 키코라는 교육용 로봇이 속속 들어오고 있어요. 바퀴가 달린 키코는 크기가 60센티미터 정도로 작아요. 아이들에게 이야기를 들려줄 수도 있고, 퀴즈를 내고 답해 줄 수

68 메타버스

도 있지요. 키코의 특징은 감정을 표현할 수 있다는 점이에요. 아이들이 퀴즈의 답을 맞히면 화면 속 눈이 하트 모양으로 변하지요.

우리나라 로봇 회사인 한컴로보틱스가 만든 토키 역시 인공지능 로봇이에요. 토키는 인공지능을 활용해 자신과 대화하는 사람이 누구인지 알아보고, 먼저 말을 걸기도 하지요. 한국어뿐 아니라 영어도 알아들어요. 토키와 자연스럽게 이야기를 나누면서 영어를 배울 수 있지요.

인공지능 로봇은 가상과 현실을 잇는 점에서 메타버스 발전에 큰 도움을 줄 수 있어요.

인공지능 로봇 토키(오른쪽)

- 메타버스에 꼭 필요한 인공지능
- 기술에 기술을 더하는 메타버스
- 메타버스 놀이터, 플랫폼

한눈에 쏙   메타버스를 이루는 기술
한 걸음 더   메타버스 플랫폼에 놀러 와!

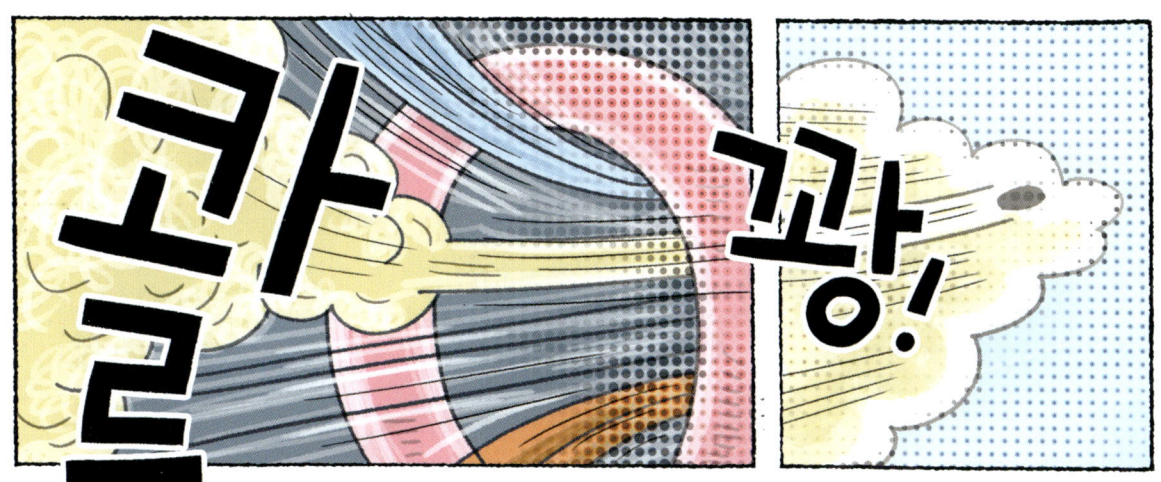

 메타버스에 꼭 필요한 인공지능

메타버스는 이제 시작 단계에 있다고 했잖아요? 메타버스를 완전히 구현하려면 인공지능 기술이 우선으로 이루어져야 해요. 많은 사람이 모여 활동하는 메타버스에서는 실시간으로 데이터가 쌓이고 또 쌓일 테니까요. 우리는 인공지능의 힘을 빌려 현실처럼 움직이는 메타버스를 만들게 될 거예요. 이쯤에서 인공지능 기술이 무엇인지 자세히 알아볼까요?

인공지능이 뭐야?

인공지능을 영어로 'Artificial Intelligence'라고 써요. 인공지능을 뜻하는 AI는 여기에서 왔지요. 인공은 자연적으로 생긴 것이 아닌, 사람의 힘으로 만들어 낸 것을 뜻해요. 즉 인공지능은 사람이 만들어 낸 지적 능력, 또는 그런 지적 능력을 넣은 기계를 가리켜요.

인공지능이 처음 들어간 장치가 컴퓨터예요. 컴퓨터는 사람을 대신해 복잡한 계산을 척척 해내지요. 컴퓨터와 함께 인공지능 기술도 발전했어요. 1996년, 정보 통신 회사 IBM은 인공지능 딥 블루를 개발했는데, 이듬해 세계 체스 챔피언 가리 카스파

인공지능 알파고와 이세돌 9단의 바둑 대결 모습

로프를 이겨 주목을 받았지요. 이때만 해도 인공지능이 체스로 사람을 이길 수 있어도 바둑으로는 이길 수 없다고 평가받았어요. 바둑이 가진 경우의 수는 체스와 달리 무한에 가깝거든요. 그런데 2016년에 구글이 개발한 인공지능 알파고가 바둑 기사 이세돌 9단을 4승 1패로 이기며 세상을 그야말로 깜짝 놀라게 했지요.

사람에 점점 가깝게!

불과 20년 만에 이런 일이 어떻게 가능하게 됐을까요? 초기의 인공지능은 사람이 설계한 프로그래밍 명령에만 기대서 일을 처리했어요. 그러다 머신 러닝 기술이 등장하면서 빠르게 발전하기 시작했지요. 머신 러닝은 기계가 사람처럼 스스로 학습하는 기능이에요. 머신 러닝보다 한 단계 높은 딥 러닝 기술까지 개발돼 인공지능이 사람에 더욱 가깝게 진화하고 있답니다. 최근에는 대화 전문 인공지능인 챗GPT도 등장했어요. 자연스럽게 대화를 이어 가고 글과 노래까지 지어서 주목을 받고 있지요. 사람들은 이러한 챗GPT가 메타버스와 만날 때 불러올 효과를 기대해요.

기술에 기술을 더하는 메타버스

메타버스를 더욱 완벽히 구현하기 위해서는 인공지능 말고도 필요한 기술이 많아요. 이와 관련해 떠오르는 기술을 살펴봐요.

더욱 실감 나게 보이는 렌더링

입체감이 돋보이는 게임 또는 애니메이션을 보고 놀란 적이 있을 거예요. 이는 렌더링 기술 덕분이지요. 렌더링은 화면에 사실감을 불어넣어 마치 입체처럼 보이도록 하는 기술이랍니다. 예를 들어 빛의 위치를 생각해 그림자를 드리우는 식으로 말이에요.

실시간으로 렌더링을 적용해 더욱 생동감을 높이는 기술도 개발하고 있어요. 이 기술을 아바타에 활용하면 아바타가 내 표정과 몸짓을 그대로 따라 하게 되겠지요?

실시간 렌더링 기술은 아바타를 넘어 메타버스 곳곳에 쓰일 거예요. 여러 정보를 바로 반영해 그대로 펼쳐 낼 수 있으니까요. 생각만 해도 매우 복잡한 작업이니 엄청난 능력이 필요할 것 같다고요? 걱정 마세요. 인공지능에 맡기면 돼요.

오감 자극으로 발전하는 메타버스

메타버스를 이루는 기술로 가상 현실과 증강 현실이 있어요. 가상 현실은 가상 공간을 실제처럼 체험하게 해 주며, 증강 현실은 현실에 가상 정보를 덧입혀 가상 공간과 현실을 이어 줘요. 이 두 기술을 합하면 진짜 현실 같은 메타버스를 만드는 게 가능해요. 이들 기술은 나날이 발전하고 있으며 현실에서 가상의 물체를 보고, 만지고, 느끼는 단계로 나아갈 모양이지요.

가상 공간에서의 촉각을 실제로 경험하게 해 주는 장갑처럼 생긴 기계가 개발되기도 했어요. 그러니까 가상의 나뭇가지나 공을 만지면 그 느낌이 장갑을 통해 전해지는 거예요. 영화에서나 가능한  일 같다고요? 기술이 더 발전하면 촉각을 넘어 오감을 자극하는 메타버스 시대가 올지도 몰라요.

모든 것을 연결하는 사물 인터넷

더욱 실감 나는 메타버스를 이루려면 가상 공간에서 경험하는 변화가 현실에 실시간으로 반영돼야겠지요? 이때 사물 인터넷 기술이 큰 역할을 할 거예요.

사물 인터넷은 우리 생활과 관련된 모든 것에 센서를 심고 인터넷으로 연결해 서로 소통하도록 하는 기술이에요. 이렇게 사물끼리 연결되면 서로 데이터를 주고받으며 사람의 조작 없이도 일을 처리할 수 있지요.

요즘에는 집에 사람이 없어도 조명, 온도, 습도 등을 조절할 수 있잖아요? 이 역시 사물 인터넷이 있어서 가능한 일이에요. 센서가 사람의 감각을 대신해 정보를 수집하고 프로그래밍에 따라 기계끼리 정보를 주고받으며 일을 처리하는 것이지요.

앞으로 우리는 주변 기기와의 상호 작용을 통해 현실감 넘치는 감각을 경험하게 될 거예요. 이처럼 인공지능을 기반으로 한 사물 인터넷은 모든 것의 연결을 필요로 하는 메타버스 시대에 주요한 기술로 떠오르고 있어요.

메타버스의 안전장치, 블록체인

우리는 앞에서 암호 화폐를 이야기할 때 블록체인 기술이 무엇인지 알아봤어요. 블록체인은 메타버스에 없어서 안 될 기술로 꼽히지요. 왜 메타버스에서 블록체인 기술을 빼놓을 수 없을까요?

가상 공간의 가장 큰 걱정거리는 해킹이에요. 현대의 정보는 보통 데이터 형태로 저장되고 있는데, 이 정보가 해킹으로 새어 나가 난리가

난 적이 한두 번이 아니지요.

　가상 공간의 또 다른 문제점은 복제가 비교적 쉽게 이루어진다는 데 있어요. 애써 만든 콘텐츠가 허락도 없이 복제되어 온라인 세상을 떠돌고 불법적으로 쓰이는 일이 종종 벌어지고는 해요.

　메타버스가 자리 잡기 위해서는 이러한 문제가 반드시 해결돼야 해요. 그래서 보안 기술로 블록체인이 주목을 받는 거예요. 블록체인 기술을 적용하면 거의 모든 해킹과 복제를 막을 수 있어요.

　사실 블록체인 기술이 발전하는 데 큰 역할을 한 것이 암호 화폐랍니다. 금융 거래에는 안전성이 반드시 뒷받침되어야 하니까요. 블록체인 기술의 뛰어난 안전성은 암호 화폐뿐 아니라 다양한 분야에 활용될 거예요.

　블록체인 기술은 실생활에서도 쓰이고 있어요. 2018년, 월마트는 블록체인에 결제 정보를 저장하는 기술로 특허를 냈지요. 거래 기록을 블록체인으로 관리해서 안전해요. 이뿐 아니라 앞에서 살펴봤던 가상 자산 분야에서도 널리 쓰이지요.

　가상 공간이 해킹과 복제에 약하다고 해서 너무 걱정하지 않아도 돼요. 우리가 메타버스에서 다양한 활동을 할 때, 블록체인 기술이 든든하고 안전한 울타리가 되어 줄 거예요.

 메타버스 놀이터, 플랫폼

현실에서 미끄럼틀이나 그네를 타며 놀이를 즐기려면 놀이터가 있어야 해요. 메타버스를 이용해 놀이를 할 때도 놀이터가 될 곳이 필요하겠지요? 바로 메타버스 플랫폼이에요. 플랫폼은 무엇을 할 수 있도록 마련해 놓은 기반 서비스를 말해요. 메타버스를 활용해 서비스를 제공하는 몇 가지 플랫폼을 살펴봐요.

메타버스에서 놀자

메타버스 플랫폼은 여러 형태로 만들어지고 있어요. 사실 페이스북, 인스타그램 같은 SNS도 가상 공간에 현실을 기록하는 성격을 띠어서 메타버스 플랫폼의 한 종류로 볼 수 있어요. 현실을 가상 공간에 옮겨 놓은 구글 지도 역시 마찬가지예요.

그래도 최근 가장 주목을 받는 메타버스 플랫폼은 아바타를 활용한 게 아닐까 싶어요. 대표적인 것이 제페토예요. 교실, 놀이공원 등 다양한 공간에서 나만의 아바타로 신나게 놀 수 있지요. 친구 아바타에게 선물을 줄 수도, 함께 맛있는 음식을 먹을 수도 있어요. 심지어 동영상 콘텐츠를 찍기도 하는걸요.

아바타로 즐기는 메타버스 플랫폼, 제페토

이 밖에도 로블록스, 마인크래프트, 개더타운 등 아바타를 활용한 다양한 메타버스 플랫폼이 있어요. 특히 10대 사이에서 관심과 인기가 높지요.

진화하는 메타버스

메타버스 플랫폼에서 다양한 활동이 이루어져요. 작은 나무 한 그루로 시작해 커다란 숲을 이루듯, 메타버스는 다양한 활동을 통해 상상할 수 없을 정도로 커질 것으로 예상되지요. 시간적으로도 공간적으로도 한계가 없으니까요.

한 예로, 메타버스와 관련해 전에 없던 새로운 직업과 일거리가 생겨나기도 했어요. 메타버스 플랫폼 제페토에서 아바타 옷을 만드는 한 크리에이터는 이 일로 무려 1,500만 원 넘는 수익을 내서 화제가 됐지요.

이러한 확장성 때문일까요? 메타버스 플랫폼에 대한 사회의 관심이 높아요. 애플, 마이크로소프트, 아마존 등 세계적인 회사들도 앞다투어 메타버스 플랫폼 사업에 뛰어들었지요.

메타버스를 이루는 기술

인공지능

- 사람이 만들어 낸 지적 능력, 또는 그런 지적 능력을 넣은 기계를 뜻함.
- 기계가 사람처럼 생각하고 학습하며 판단해 스스로 행동하도록 만드는 기술임.
- 머신 러닝과 딥 러닝 기술이 등장하며 인공지능은 더욱 빠르게 발전하고 있음.
- 인공지능의 힘을 빌려 현실처럼 움직이는 메타버스를 만들 것으로 기대함.

메타버스를 위한 기술

- 렌더링은 평면에 사실감을 불어넣어 입체처럼 보여 주는 기술로, 특히 실시간 렌더링은 메타버스 곳곳에 쓰일 것임.
- 가상 현실, 증강 현실 기술에 오감을 더하면 현실 같은 메타버스가 가능해질 것임.
- 사물 인터넷은 우리 생활과 관련된 모든 것에 센서를 심고 인터넷으로 연결해 서로 소통하도록 하는 기술임.
- 인공지능을 기반으로 한 사물 인터넷은 모든 것의 연결을 필요로 하는

메타버스에 주요 기술로 떠오르고 있음.
- 메타버스에 블록체인 기술을 적용하면 거의 모든 해킹과 복제를 막을 수 있음.
- 블록체인 기술은 메타버스에서 다양한 활동을 하는 데 안전장치가 되어 줄 것임.

메타버스 플랫폼
- 제페토, 로블록스, 마인크래프트, 개더타운 등 아바타를 활용해 서비스를 제공하는 메타버스 플랫폼이 늘고 있음.
- 메타버스 플랫폼을 통해 새로운 직업과 일거리도 생겨남.
- 확장성이 큰 사업인 만큼 사회의 관심이 높음.

메타버스 플랫폼에 놀러 와!

메타버스 플랫폼의 매력은 단지 즐기고 노는 데만 있지 않아요. 이곳은 현실 세계에서처럼 다양한 활동을 할 수 있어서 더욱 흥미를 끌어당겨요. 메타버스 플랫폼을 조금 더 자세히 살펴볼까요?

메타버스의 대표, 로블록스

로블록스는 가상 공간에서 게임과 다양한 활동을 즐길 수 있는 플랫폼이에요. 로블록스에서는 직접 게임을 만들어 입장료를 받고 공유할 수 있지요.

또 아바타의 옷과 아이템을 만들어 사고팔 수도 있어요. 그래서일까요? 장난감 레고를 닮은 아바타는 저마다 독특한 패션과 스타일을 자랑해요. 로블록스 자체 조사에 따르면 Z세대 4명 중 3명이 디지털 패션 아이템을 산 것으로 나타날 정도였어요.

Z세대는 1990년대 중반에서 2000년대 초반에 걸쳐 태어난 세대를 이르는 말로, 어릴 때부터 인터넷과 스마트폰 등 디지털 환경에서 자란 것이 특징이에요.

다양한 콘텐츠가 가득한 로블록스

광고 효과까지 톡톡! 제페토

2018년 시작된 제페토는 우리나라뿐 아니라 중국, 일본, 미국 등 세계 200여 나라에서 서비스 중이에요. 가입자 수가 3억 명에 이르는데, 그중 90퍼센트 이상이 해외 가입자일 정도로 세계적인 관심이 높아요.

제페토에는 게임과 즐길 거리가 매우 많아요. 자신을 닮은 아바타를 만들어 다른 아바타들과 놀 수도 있지요. 또 로블록스처럼 옷과 아이템을 만들어 파는 일이 가능해요.

제페토와 협업해 메타버스 어린이 갤러리를 연 부산시립미술관

흥미로운 것은 제페토에 한 번쯤 들어 봤을 법한 유명 기업이나 브랜드가 꽤 들어와 있다는 사실이에요. 정부 부처와 지방 자치 단체도 제페토를 홍보에 활용하지요. 이렇게 제페토는 협업을 통해서 새로운 광고 효과까지 내놓고 있어요.

- 메타버스가 바꿀 경제생활
- 개인의 새로운 무대, 메타버스
- 더 놀라운 세계로
- 진짜 같은 홀로그램

한눈에 쏙 메타버스의 미래
한 걸음 더 앞으로도 메타버스는 뜬다!

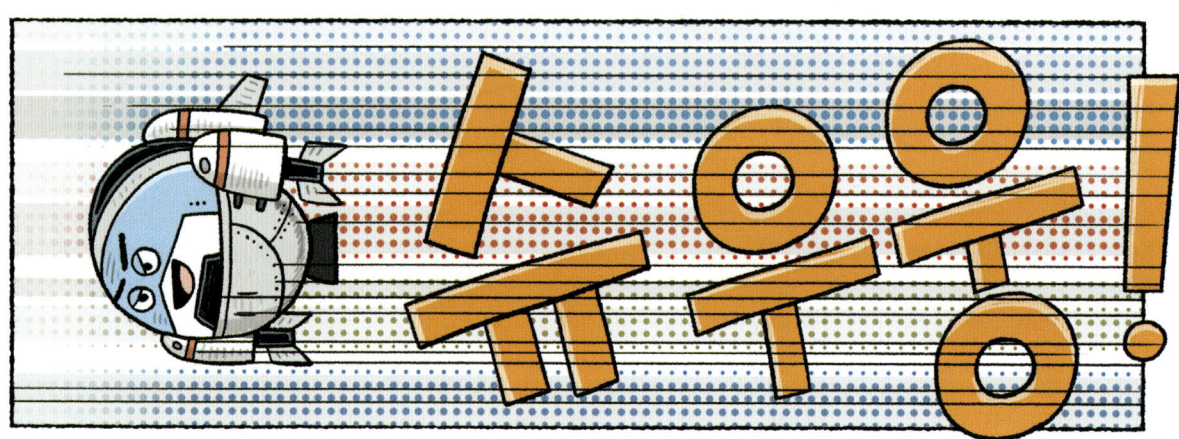

메타버스가 바꿀 경제생활

메타버스가 앞으로 얼마나 더 폭넓게 발전할지 누구도 정확히 예측할 수 없어요. 컴퓨터와 인터넷이 우리 생활을 완전히 바꿔 놓은 것처럼, 메타버스 시대가 열리면 엄청난 변화가 찾아올지도 몰라요.

돈이 위험하다고?

메타버스가 완전히 이루어지면 어떤 일이 벌어질까요? 꽤 많은 사람들이 암호 화폐가 기존 화폐를 대신할 거라고 예상해요.

앞에서 살펴봤듯, 메타버스는 현실 같은 가상 공간을 만드는 게 핵심이에요. 그런데 가상 공간은 보안이 약하다는 문제를 가지고 있어요. 예를 들어 볼까요? 은행에는 엄청난 양의 돈이 저축되어 있어요. 과연 이 돈이 실물로 저축돼 있을까요? 실물로 저축된 양은 일부분에 지나지 않고, 대부분은 가상 공간에 데이터로 존재할 뿐이에요. 만약 은행 서버가 해킹이라도 당해 시스템에 문제가 생기면 큰일이지요. 온 나라가 이런 시스템으로 돼 기존의 돈은 불안하기 그지없어요.

메타버스 시대에는 가상 공간에서 경제 활동이 주로 이루어질 거예요. 기존의 돈을 쓰기에는 더욱 마땅하지 않을 수가 있어요. 그래서 사람들은 메타버스에서 암호 화폐가 더욱 유용하게 쓰일 것이라고 내다보는 거예요.

메타버스와 암호 화폐

블록체인 기술을 활용한 암호 화폐는 보안에 뛰어나요. 또 은행 없이도 개인끼리 거래가 가능해요. 이런 이유로 메타버스 시대가 다가올수록 기존의 돈 대신 암호 화폐를 주로 쓰게 될 거예요. 어쩌면 실물 화폐가 아예 사라질 수도 있어요.

상상해 볼까요? 물건을 살 때 내 디지털 지갑에 저장된 암호 화폐가 빠져나가요. 일을 한 대가도 암호 화폐로 들어오고요. 이런 일이 일상이 되면 어쩌면 세금도 암호 화폐로 내게 될지도 몰라요.

이 모든 것은 메타버스가 완전히 이루어졌을 때 생길지 모를 일을 상상해 본 거예요. 가능성이 전혀 없는 일은 아니지요. 물론 여기에 반대하는 의견도 있지만요.

새로 떠오르는 화폐

세계 각국 중앙은행은 CBDC 발행을 서두르고 있어요. CBDC는 중앙은행(Central Bank)이 보증하는 디지털 화폐(Digital Currency)로, 암호 화폐와는 성격이 조금 달라요. 하지만 두 화폐 모두 디지털 지갑을 통해 주고받으며, 거래 내역을 블록체인 기술을 활용해 기록하지요. 암호 화폐와 CBDC는 전 세계 누구에게나 실시간으로 보낼 수 있어서 시장에 큰 변화를 몰고 올 것으로 예상돼요.

개인의 새로운 무대, 메타버스

그동안은 보통 회사에서 일해 돈을 벌 수 있었어요. 여기에도 어쩌면 메타버스가 변화를 가져올지 몰라요. 개인이 주체가 되어 능력을 펼칠 기회가 늘어날 테니까요.

한계가 사라지는 곳

메타버스는 가상과 현실이 결합된 세계예요. 가상과 현실이 각각 가진 문제점을 해결하고 편리한 생활을 누리기 위해 메타버스가 탄생했지요.

현실 세계는 시간적으로나 공간적으로나 한계를 가지고 있어요. 예를 들어 서울에서 부산까지 가려면 시간을 꽤 들여야 해요. 시간이 부족한 사람은 부산에 가기가 어렵지요. 또 우리는 학교에 가서 수업을 들어야 하잖아요? 만약 전염병에 걸리기라도 하면 수업에 빠질 수밖에 없어요. 가상 세계는 시간적, 공간적 한계에서 자유롭지만 현실과 동떨어져 있다는 게 문제예요.

이러한 문제점을 해결한 것이 메타버스예요. 현실과 연결된 메타버스를 통해 우리는 시간적, 공간적 한계에서 벗어날 수 있어요.

개인이 중심이 되어

앞으로는 집에서도 충분히 일할 환경이 갖추어져 굳이 회사에 모일 필요가 없어져요. 그런 이유로 회사 중심으로 돈을 버는 일보다 개인 중심으로 돈을 버는 일이 점점 흔해질 거예요.

이러한 현상은 이미 나타나고 있어요. 전에는 방송사를 중심으로 콘텐츠가 만들어졌어요. 방송에 관심이 있는 사람은 방송사에 취직을 해야 능력을 펼칠 수 있었지요. 그런데 인터넷과 모바일이 발달하며 개인이 곧 방송국인 시대가 열렸어요. 그 중심에 가상 공간 유튜브가 있고요. 개인 방송은 인기를 등에 업고 기존 방송 시장에까지 영향을 미치는 형편이에요.

날이 갈수록 방송사의 영향력이 줄어들고 개인 방송의 활약이 커지고 있어요. TV에 나오던 연예인이 개인 방송 채널을 만드는 경우도 흔히 볼 수 있지요. 이러한 현상은 방송 외의 다른 분야에서도 나타나요. 판매, 개발, 디자인 등 다양한 분야에서 1인 회사와 프리랜서가 늘어나는 추세예요.

이렇게 현재 상황을 미루어 다가올 메타버스의 미래를 어느 정도 그려 볼 수 있어요. 앞으로는 개인이 주체가 되어 다양한 가상 공간에서 활약하겠지요.

더 놀라운 세계로

앞에서 메타버스 기술로 가상 현실과 증강 현실에 대해 이야기했어요. 머지 않아 이보다 더 높은 수준의 기술이 활용될 것으로 예상돼요. 바로 혼합 현실과 확장 현실이에요.

가상 현실과 증강 현실을 더한 혼합 현실

혼합 현실(MR, Mixed Reality)은 현실에 가상의 정보를 덧입혀서, 마치 실제로 존재하는 것처럼 보여 주는 기술이에요. 이렇게 들어서는 증강 현실이나 가상 현실과 무엇이 다른지 헷갈린다고요? 그럴 수 있어요. 혼합 현실은 둘의 장점을 두루 가진 기술이거든요. 그래서 전보다 더 높은 수준의 메타버스가 가능하지요.

가상 현실에서는 보이는 모든 것이 가상이에요. 증강 현실은 현실에 가상의 정보를 덧입히는 수준이어서 실감이 덜할 수밖에 없어요. 그런데 혼합 현실에서는 현실로 진짜 같은 가상 정보를 불러낼 수 있

산업 현장에 혼합 현실이 적용된 예상 모습

어요. 이로써 사용자는 가상의 정보와 실시간으로 상호 작용을 하게 되지요.

마이크로소프트가 개발한 홀로렌즈는 혼합 현실의 초기 모습을 보여 줘요. 미국의 방위 산업 회사인 록히드마틴은 우주선 조립에 홀로렌즈를 써 봤어요. 홀로렌즈를 이용해 기계와 관련된 가상 정보를 눈앞에서 바로 펼쳐 볼 수 있었지요. 기계에 가상의 도면이나 설명서를 겹쳐 띄우니 작업이 쉬워졌어요. 그 결과 8시간이나 걸리던 작업이 50분으로 크게 줄었답니다.

시공간을 뛰어넘는 확장 현실

증강 현실과 가상 현실에 더해 혼합 현실까지 아우르는 기술이 있어요. 바로 확장 현실(XR, eXtended Reality)이에요. 한마디로 각 기술의 장점을 모아서 사용자가 느끼는 감각을 확장시켜 주지요.

확장 현실을 이용하면 시간과 공간을 뛰어넘어 상상에서나 가능했던 일이 벌어질 거예요. 물론 가상의 대상을 오감으로 느끼는 일도 가능하겠지요. 확장 현실에서 우리는 실제와 거의 같은 경험을 할 수 있어요.

확장 현실은 실제로 마주하는 듯한 현실감을 바탕으로 다양한 분야에서 활용될 거예요.

더욱 실감 나는 가상 공간을 구현할 확장 현실 기술

진짜 같은 홀로그램

공상 과학 영화를 보면 자주 나오는 장면이 있어요. 화면 없이도 공중에 홀로그램을 띄우고 이런저런 일을 하는 것 말이에요. 실감 나는 입체 영상을 구현하는 홀로그램은 확장 현실을 이루는 핵심 기술 중 하나예요. 만약 현실에서 홀로그램을 띄워 볼 수 있으면 메타버스가 거의 완성 단계에 이른 것이라고 할 수 있어요.

홀로그램은 무엇일까?

홀로그램(hologram)은 광선을 써서 평면 그림을 입체적으로 보이게 하는 기술이에요. 그리스어에서 이름이 왔는데, 완전하다는 뜻의 'holos'와 정보를 뜻하는 'gramma'가 합쳐진 것이지요.

1948년, 영국의 물리학자 데니스 가보르가 홀로그램 기술 원리를 처음 발견했어요. 이후 발전을 거듭해 왔지만, 영화에서처럼 공중에 홀로그램 영상을 띄우는 기술은 아직 이루어지지 않았지요. 2016년 서울에서 홀로그램 시위가 있었는데, 이때도 특수 투명 필름에 프로젝터로 영상을 쏘아 비춘 것이었어요.

몇 년 전, 반도체 회사 오스텐도테크놀로지는 홀로그램 영상을 공중에 띄워 볼 수 있는 칩 개발에 성공했어요. 아직 노력이 더 필요하지만 꽤 놀라운 성과라고 할 수 있답니다.

홀로그램 기술이 완성되면?

보통의 사진이나 영상은 평면적으로 펼쳐져요. 그러나 홀로그램은 입체적으로 보이지요. 여기에 공중에 띄우는 기술까지 더해지면 어떤 일이 벌어질까요?

메타버스 시대가 오면 가상 공간에서 아바타가 나를 대신할 것이라고 했어요. 이제 현실에서 홀로그램 아바타가 나를 대신하는 일도 생길 거예요. 실물과 똑같이 입체적으로 보이니까요. 만약 영상 통화를 하게 되면, 내가 홀로그램으로 상대방 앞에 나타나지요. 영화에서 보았던 그대로 말이에요.

학교에서는 홀로그램으로 나타난 대상을 보며 실감 나게 공부할 수 있을 거예요. 이미 멸종한 동물이나, 가까이서 보기 힘든 사나운 동물을 홀로그램으로 만난다고 상상해 봐요. 수업이 따분하거나 지루할 틈이 없겠지요? 또 자동차 같은 복잡한 기계를 속속들이 들여다보는 일도 가능하게 될 거예요. 이 모든 일이 이루어지면 정말 신기할 것 같지 않나요?

메타버스의 미래

메타버스에서의 경제생활
- 메타버스 시대에는 가상 공간에서 경제 활동이 주로 이루어질 것임.
- 보안성이 뛰어난 암호 화폐가 기존 화폐를 대신할 것으로 예상됨.
- 암호 화폐가 생산자와 소비자의 경제 활동을 이어 주는 중요한 역할을 맡게 될 것임.

새로운 가능성의 세계
- 현실에는 시간적·공간적 한계가, 가상 세계는 현실과 동떨어진 단점이 있음.
- 메타버스는 현실의 한계와 가상의 단점을 보완해 새로운 기회를 제공할 것임.
- 앞으로는 개인을 중심으로 일하는 현상이 더욱 늘어날 것으로 예상됨.

혼합 현실(MR)과 확장 현실(XR)
- 혼합 현실(Mixed Reality)은 현실에 가상의 정보를 덧입혀서, 마치 실제로 존재하는 것처럼 보여 주는 기술임.
- 혼합 현실에서 사용자는 가상의 정보와 실시간으로 영향을 주고받을 수 있음.

- 확장 현실(eXtened Reality)은 가상 현실, 증강 현실, 혼합 현실을 아우르는 기술로 사용자가 느끼는 감각을 확장시켜 줌.
- 확장 현실은 실제로 마주하고 있는 듯한 현실감을 바탕으로 다양한 분야에서 활용될 것으로 기대됨.

메타버스와 홀로그램
- 홀로그램은 광선을 써서 평면 그림을 입체적으로 보이게 하는 기술임.
- 공중에 띄우는 홀로그램 기술이 완성되면 현실에서 실물과 같은 입체 영상을 만나게 됨.

앞으로도 메타버스는 뜬다!

코로나19 감염증이 유행하며 비대면이 자리 잡아 갔어요. 많은 사람이 한 자리에 모이기 어려워지자, 메타버스를 활용하는 사례가 늘어났지요. 가상 공간에서 여러 행사가 벌어진 거예요. 이렇게 시간과 공간의 한계가 없는 메타버스는 우리 삶에 다양하게 이용될 거예요. 그 사례를 둘러보며 앞으로 다가올 메타버스 시대를 그려 봐요.

메타버스에 올라 공원에 가자!

2021년, 코로나19 감염증이 기승을 부리던 때였어요. 서울시설공단은 집에서 많은 시간을 보낼 어린이를 위해 플랫폼 제페토에 서울어린이대공원 메타파크를 열었지요.

이곳은 실제 서울어린이대공원과 비슷하게 꾸며졌어요. 정문을 지나면 팔각당, 식물원, 숲속의 무대 등이 나오지요. 사용자는 아바타로 곳곳을 구경

하면서 포토 존에서 기념사진도 찍을 수 있었어요. 특별한 점은 실제 어린이대공원에는 없는 수영장을 만들었다는 것이에요. 아바타로 즐기는 수영이라니! 수영을 못하는 친구라도 두려울 걱정이 없겠지요?

가상 세계에서 입학식과 졸업식을!

코로나19 감염증이 유행하며 입학식과 졸업식이 취소되기도 했어요. 이에 동의대학교는 게임 마인크래프트 속 가상 캠퍼스에서 입학식과 졸업식을 열어 주목을 받았지요.

입학식에는 신입생과 재학생 등 250여 명이 참여해, 가상 캠퍼스를 둘러보고 퀴즈와 게임을 즐겼어요.  졸업식에서는 학생의 사연을 받아서 축하 현수막을 내걸었지요. 물론 기념사진도 찍고, 다양한 이벤트도 열었어요. 비대면 시대에 메타버스 플랫폼을 이용한 신개념 캠퍼스와 행사는 좋은 반응을 얻었어요.

대유행이 지나가고 우리 생활이 전과 같은 모습을 찾아가고 있어요. 다시 일상으로 돌아가도 메타버스에 대한 관심은 사그라들지 않을 거예요. 메타버스는 세계를 확장시켜 다양한 경험을 즐기도록 해 주니까요.

워크북

1화 개념 - 메타버스의 현재와 가능성

1 다음 메타버스에 대한 설명 중 <u>틀린</u> 것을 골라 봐요.

① '메타'는 현실을 넘어섰다는 뜻을 가지고 있어요.
② '버스'는 우주, 세계를 뜻하는 유니버스에서 따온 말이에요.
③ 현실과 같은 활동이 이루어지는 가상 세계예요.
④ 가상과 현실의 구분이 매우 뚜렷해요.

2 다음 중 가상 공간에 대해 <u>잘못</u> 알고 있는 사람을 골라 봐요.

① 컴퓨터와 인터넷에만 존재하는 곳이야.

② 카카오톡, 인스타그램 같은 것은 가상 공간이 아니야.

③ 컴퓨터가 등장하며 생기기 시작했어.

④ 가상 공간의 발전에 인터넷이 큰 영향을 미쳤지.

3 다음에서 설명하는 것은 무엇일까요?

> 가상 공간을 실제처럼 생각하게 하는 기술이에요. 가상을 생생하게 보여 줘 마치 현실 같은 착각을 불러일으키지요. 이 기술을 적용한 안경을 쓰면 가상 공간을 실제처럼 느끼게 돼요.

① 가상 현실   ② 증강 현실
③ 혼합 현실   ④ 확장 현실

4 다음 문장을 읽고 맞으면 ○, 틀리면 × 표시를 해 봐요.

- 증강 현실은 현실에 가상의 정보를 겹쳐 하나로 보여 주는 기술이에요. (   )
- 증강 현실을 적용한 거울을 이용하면 옷을 입어 보지 않고도 나에게 잘 어울리는지 확인할 수 있어요. (   )
- 증강 현실에서는 실제 환경을 볼 수 없는 점이 아쉬워요. (   )

2화 경제 - 메타버스가 만드는 가상 경제

1 암호 화폐에 대해 바르게 설명한 사람을 골라 봐요.

① 암호 화폐와 돈은 서로 차이가 없이 똑같아.

② 암호 화폐는 블록체인 기술을 활용해.

③ 암호 화폐는 오직 중앙은행에서만 발행할 수 있어.

④ 암호 화폐는 실물이 존재해.

2 다음에서 설명하는 것은 무엇일까요?

> 블록체인을 이용해 디지털 자산에 고유 정보를 넣는 기술로, 소유권을 인증해 주는 일종의 증명서와 같아요.

① 가상 화폐   ② 비트코인   ③ 플랫폼   ④ NFT

3 다음이 설명하는 '이것'이 무엇인지 적어 봐요.

> 이것은 가상 공간에 존재하는 땅이나 건물을 가리켜요. 메타버스가 주목받으며 이것을 거래하는 일이 벌어졌지요. 대표적 서비스로 어스투가 있는데, 어스투는 가상의 땅을 타일 단위로 나눠 사고팔게 했어요.

_____

4 NFT의 가치는 어디에서 오는지 복제와 관련지어 이야기해 보아요.

서술형 문항 대비 ✓

_____
_____
_____
_____
_____

3화 교육 - 메타버스를 활용한 교육

1 다음 문장을 읽고 맞으면 ◯, 틀리면 ✕ 표시를 해 봐요.

- 디지털 교과서가 등장하며 자료를 보다 생생하게 전달하게 됐어요. (   )
- 코로나19 감염증 유행으로 온라인 수업이 빠르게 자리 잡았어요. (   )
- 온라인 수업은 실시간이 아닌 녹화 영상으로만 들을 수 있어요. (   )

2 다음이 설명하는 '이것'이 무엇인지 골라 봐요.

> 이것은 시간과 공간의 제약 없이 이용할 수 있어서 편리해요. 게다가 학생 한 사람 한 사람 수준에 맞게 가르칠 수도 있지요. 학생의 약한 부분을 정확하게 짚어 내서 그 부분을 해결해 줄 거예요.

① 디지털 교과서 ② 인공지능 교사
③ 메타버스 게임 ④ 아바타

3 다음 메타버스 교육에 대한 설명 중 <u>틀린</u> 것을 골라 봐요.

① 더 많은 감각을 이용할 때 공부 효과가 훨씬 커요.
② 가상 현실이나 증강 현실 기술을 이용한 교육이 활발히 일어나고 있어요.
③ 메타버스 교육은 보통의 방식보다 효과가 떨어지는 것으로 나타났어요.
④ 요즘 강조되는 창의력을 기르는 데도 도움을 줄 것으로 기대돼요.

4 다음을 읽고 빈칸에 공통으로 들어갈 말을 적어 봐요.

> 메타버스가 등장하며 (   )가 다시 떠오르고 있어요. (   )는 가상 세계에서 나를 대신하는 캐릭터예요. 우리는 메타버스로 구축된 곳은 어디든 (   )를 통해 갈 수 있어요. (   )가 나를 대신해서 학교에 가는 미래가 한 발짝 다가온 거예요.

_____

4화 기술 – 메타버스를 이루는 기술

1 뜻과 글자 수를 보고 떠오르는 단어를 적어 봐요.

- ☐☐☐☐ : 사람이 만들어 낸 지적 능력, 또는 그런 지적 능력을 넣은 기계
- ☐☐☐ : 기계가 사람처럼 스스로 학습하는 기능인 머신 러닝보다 한 단계 높은 기술
- ☐☐☐☐ : 대화부터 창작까지 가능한 인공지능 서비스

2 서로 관련 있는 것끼리 바르게 짝지어 봐요.

렌더링 ①　　　　　　㉠ 사물에 센서를 심고 인터넷으로 연결해 서로 소통하도록 하는 기술

사물 인터넷 ②　　　　㉡ 화면에 사실감을 불어넣어 입체처럼 보이게 하는 기술

블록체인 ③　　　　　㉢ 거래 정보를 사용자 모두가 저장하는 방식의 보안 기술

3 다음 메타버스에 대한 설명 중에서 틀린 것을 골라 봐요.

① 메타버스 플랫폼에서는 다양한 활동이 이루어져요.
② 특히 10대는 메타버스 플랫폼에 대한 관심이 낮아요.
③ 메타버스 플랫폼을 통해 전에 없던 직업과 일거리가 생겨났어요.
④ 확장성이 큰 사업인 만큼 여러 회사가 관심을 보이고 있어요.

4 메타버스에서 블록체인 기술이 왜 중요한지 그 이유를 적어 봐요.

서술형 문항 대비 ✓

5화 미래학 – 메타버스의 미래

1 빈칸에 공통으로 들어갈 알맞은 말을 골라 봐요.

> 블록체인 기술을 활용한 (   )은/는 보안에 뛰어나요. 또 은행 없이도 개인끼리 거래가 가능하고요. 이런 이유로 메타버스 시대가 다가올수록 기존의 돈 대신 (   )을/를 쓰게 될 거라고 예상해요.

① 아바타 ② 암호 화폐 ③ 인공지능 ④ 플랫폼

2 메타버스에서 개인이 중심이 되어 활동이 이루어지는 이유는 무엇일까요? <u>바르게</u> 설명한 사람을 골라 봐요.

① 메타버스에는 공간적·시간적 한계가 있어서야.

② 메타버스는 현실과 동떨어진 세계이기 때문이야.

③ 혼자서도 일할 수 있는 환경이 충분히 갖추어져서야.

④ 메타버스 시대에는 회사가 모두 사라지기 때문이야.

3 다음을 읽고 빈칸에 들어갈 알맞은 단어를 〈보기〉에서 골라 봐요.

> (㉠)에서는 현실로 진짜 같은 가상 정보를 불러낼 수 있어요. 이로써 사용자는 가상의 정보와 실시간으로 상호 작용을 하게 되지요. 증강 현실과 가상 현실에 더해 (㉠)까지 아우르는 기술이 있어요. 바로 (㉡)이에요. 한마디로 각 기술의 장점을 모아서 사용자가 느끼는 감각을 넓혀 주지요.

보기   혼합 현실   홀로그램   확장 현실

㉠ : _____   ㉡ : _____

4 홀로그램에 대한 다음 설명을 읽고 맞으면 ○, 틀리면 × 표시를 해 봐요.

- 광선을 써서 평면 그림을 입체적으로 보이게 하는 기술이에요.   (   )
- 그리스어에서 온 말로, 불완전한 정보를 뜻해요.   (   )
- 현재 홀로그램을 화면 없이 공중에 띄우는 기술이 완전히 개발됐어요. (   )

정답 및 해설

1화
1. ④
→ 메타버스에서는 가상과 현실의 구분이 흐려져 더 가깝게 연결돼요. (☞ 16쪽)
2. ②
→ 카카오톡, 인스타그램 같은 것도 가상 공간에 속해요. (☞ 18쪽)
3. ①
→ 가상 현실은 가상 공간을 실제처럼 생각하게 하는 기술이에요. (☞ 20~21쪽)
4. O, O, X
→ 증강 현실은 실제 환경에서 가상의 정보를 보여 주는 기술이에요. (☞ 22~23쪽)

2화
1. ②
→ 암호 화폐는 우리가 쓰는 돈처럼 실물이 있지 않고, 가상 공간에 데이터 형태로 존재해요. 보통의 돈과 달리 중앙은행이 아니어도 누구나 자유롭게 발행할 수 있어요. (☞ 36~37쪽)
2. ④
→ NFT는 디지털 자산에 고유 정보를 넣는 기술로, 소유권을 인증해 주는 일종의 증명서와 같아요. (☞ 38쪽)
3. 가상 부동산
→ 가상 부동산은 가상 공간에 존재하는 땅이나 건물을 가리켜요. 메타버스가 주목받으며 가상 부동산을 거래하는 일이 벌어졌어요. (☞ 44~45쪽)
4. 본문을 참고해 자유롭게 적어 봐요.
→ NFT는 블록체인 기술을 이용해서 복제가 불가능해요. NFT로 발행한 물건은 세상에 단 하나뿐이어서 가치가 높지요. (☞ 39쪽)

3화
1. O, O, X
→ 기술의 발달로 온라인 수업을 실시간으로도 들을 수 있어요. (☞ 56~57쪽)
2. ②
→ 인공지능 교사는 시간적·공간적 제약이 없어 편리해요. 학생의 수준에 맞춰 약한 부분을 정확히 찾아내 문제를 해결해 줄 수 있어요. (☞ 58~59쪽)
3. ③
→ 보고에 따르면, 메타버스 교육은 보통의 방식보다 효과가 높은 것으로 나타났어요. (☞ 62~63쪽)
4. 아바타
→ 아바타는 가상 세계에서 나를 대신하는 캐릭터로, 메타버스로 구축된 곳은 어디든 아바타를 통해 갈 수 있어요. (☞ 64쪽)

4화

1. 인공지능, 딥 러닝, 챗GPT
→ 인공지능은 사람이 만들어 낸 지적 능력, 또는 그런 지적 능력을 넣은 기계를 뜻해요. 딥 러닝은 기계가 사람처럼 스스로 학습하는 머신 러닝보다 한 단계 높은 기능이에요. 챗GPT는 대화부터 창작까지 가능한 인공지능이지요. (☞ 76~77쪽)

2. ① - ⓒ, ② - ㉠, ③ - ⓔ
→ 렌더링은 화면에 사실감을 불어넣어 입체처럼 보이게 하는 기술이에요. 사물 인터넷은 우리 생활과 관련된 모든 것에 센서를 심고 인터넷으로 연결해 서로 소통하도록 하는 기술이고요. 블록체인은 거래 정보를 사용자 모두가 저장하는 방식의 보안 기술이지요. (☞ 78~81쪽)

3. ②
→ 메타버스 플랫폼은 특히 10대 사이에서 관심과 인기가 높아요. (☞ 82~83쪽)

4. 본문을 참고해 자유롭게 적어 봐요.
→ 가상 공간의 문제점은 해킹과 불법 복제예요. 메타버스가 자리 잡기 위해서는 이런 문제가 해결돼야 해요. 그래서 해킹과 복제를 막을 수 있는 보안 기술인 블록체인이 중요해요. (☞ 80~81쪽)

5화

1. ②
→ 블록체인 기술을 활용한 암호 화폐는 메타버스 시대에 기존의 돈 대신 쓰일 것으로 예상돼요. (☞ 95쪽)

2. ③
→ 메타버스 시대에는 혼자 일할 수 있는 환경이 잘 갖추어져 개인 중심으로 돈을 버는 일이 흔해질 거예요. (☞ 96~97쪽)

3. ㉠ 혼합 현실, ⓒ 확장 현실
→ 혼합 현실에서는 현실로 진짜 같은 가상 정보를 불러낼 수 있어요. 이로써 사용자는 가상의 정보와 실시간으로 상호 작용을 하게 되지요. 확장 현실은 증강 현실과 가상 현실에 더해 혼합 현실까지 아우르는 기술이에요. (☞ 98~99쪽)

4. ○, ×, ×
→ 홀로그램은 완전한 정보라는 뜻을 가졌어요. 현재 홀로그램을 화면 없이 공중에 띄우는 기술은 개발 중에 있어요. (☞ 100~101쪽)

찾아보기

ㄱ
가상 부동산 ·· 44~45
가상 현실 ···································· 20~23, 25, 62~63,
79, 98~99
가상 화폐 ··· 17, 43

ㄴ
노리 ··· 59

ㄷ
데이터 ································ 36, 41, 43, 76, 80, 94
디지털 지갑 ································· 40, 43, 95
딥 러닝 ··· 77
딥 블루 ··· 76

ㄹ
렌더링 ·· 78

ㅁ
마이크로소프트 ······················ 28, 83, 99

ㅁ(머)
머신 러닝 ·· 77
메타버스 플랫폼 ················ 82~83, 86, 105
밈 ·· 48~49

ㅂ
복제 ······································ 36, 39, 81
블록체인 ······························ 36~39, 43, 45,
80~81, 95
비트코인 ·· 37

ㅅ
사물 인터넷 ···································· 79~80

ㅇ
아바타 ·················· 17, 25, 28~29, 64~65, 78,
82~83, 86~87, 101, 104~105
알파고 ··· 77
암호 화폐 ···························· 36~37, 39~41, 43~45,
48~49, 80~81, 94~95
애플리케이션 ······················ 23, 25, 57
온라인 수업 ···················· 16, 19~20, 57~58

118

인공지능 ·············· 17, 58~59, 65, 69,
                              76~78, 80
인공지능 교사 ············· 58~59, 65
인공지능 로봇 ················ 68~69

저작권 ································ 40
중앙은행 ······················ 36~37, 95
증강 현실 ················ 22~25, 63, 79,
                              98~99

챌린지 ································ 48
챗GPT ··························· 65, 77

픽셀 ································· 39

ㅎ
한국과학창의재단 ····················· 63
해킹 ······················ 37, 80~81, 94
혼합 현실 ························· 98~99
홀로그램 ························ 100~101
홀로렌즈 ····························· 99
확장 현실 ························ 98~100

A - Z
CBDC ······························· 95
NFT ······················ 38~45, 48~49
P2E ································ 42

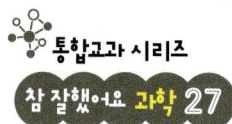

통합교과 시리즈
참 잘했어요 과학 27

전문 필자와 과학 교사가 만든 **통합교과 정보서!**

생명이 꿈틀꿈틀!
바다와 갯벌

황제펭귄 펭펭은 K-Pop 가수를 꿈꾸며 대한민국으로 떠나요.
남극에서 온 펭펭과 만난 또 다른 주인공, 해미. 해미는 배우가
꿈인 열한 살 바다 소녀예요. 공통점이 많은 두 친구는
오디션에 참가해 바다를 주제로 한 랩을 선보입니다.
과연 펭펭과 해미는 꿈을 이룰 수 있을까요?
또, 바다에서는 어떤 일이 일어나는 걸까요?

글 최설희 | 그림 이창우 | 감수 서울과학교사모임
쪽수 128쪽 | 값 13,000원

참 잘했어요 과학 시리즈는 초등 교과 과정에 알맞게 개발한 통합교과 정보서입니다.
하나의 주제를 다양한 분야에서 접근하고, 그에 따른 자세하고 정확한 정보를 꼼꼼히 골랐습니다.

- 2020, 2021 소년한국일보 우수 어린이 도서
- 2020 우수환경도서
- 2017, 2018, 2019, 2022 우수과학도서
- 2017 세종도서 교양부문 선정도서
- 2019, 2022 북토큰 선정도서
- 고래가 숨 쉬는 도서관 추천도서

글 신방실 외 | 그림 시미씨 외
감수 서울과학교사모임
값 1~10권 10,000원, 11~25권
11,000원, 26~27권 13,000원

지학사아르볼